세계시민 수업
평화

세계 시민 수업 ❽

평화

평화를 빼앗긴 사람들

정주진 글 | 이종미 그림

풀빛

차례

수업을 시작하며 6

01 전쟁과 무기에 희생되는 사람들

사람을 죽이는 전쟁 12
전쟁이 필요한 경우도 있을까요? 16
전쟁의 위험 없이 살 권리가 있어요 21
전쟁이 없어도 안전하지 않아요 24
총이 아이들을 공격해요 26
꼬마 시민 카페 다음 피해자가 될 수 없어요! 30

02 차별과 혐오의 피해자들

피부색이 달라서 겪는 차별 34
힘이 있으면 미워하고 차별해도 된다고요? 38
평등은 항상 옳을까요? 42
무조건 싫다고 말하는 사람들 45
꼬마 시민 카페 여자는 불결하다고요? 50

03 목소리를 빼앗긴 사람들

무조건 사과부터 해야 하는 사람들 54
돈은 다 어디로 갔을까요? 58
댐이 무너진 마을 63
목소리를 찾아 주는 사람이 필요해요 68
꼬마 시민 카페 인도 주민들의 목소리를 들어 준 사람들 72

04 폭력에 희생되는 여성들
전통이라고요?　76
납치된 여자아이들　81
'현대판 노예'가 된 여성들　84
힘이 없어서라고요?　88
꼬마 시민 카페　테러를 당한 열다섯 살 소녀　92

05 한반도 평화와 세계 평화
한반도에서 평화롭게 살기　96
싸우면 행복할 수 없어요　99
함께 전쟁을 겪었어요　102
평화를 위협하는 것들　104
세계 평화를 위해　107
꼬마 시민 카페　북한에서 연 창업 연수회　110

06 평화로운 세상 만들기
평화로운 세상은 가능할까요?　114
평화는 연결돼 있어요　117
함께 사는 것을 말해요　120
세계 시민이 되기 위해서는　123
평화를 만드는 사람들이 필요해요　126
꼬마 시민 카페　평화의 친구 되기　130

수업을 마치며　132

수업을 시작하며

평화를 위해 던지는 질문들

여러분은 '평화'라는 말을 들으면 어떤 생각을 하게 되나요? 사람마다 다르겠지만 아마 이 말을 듣고 기분이 나빠지는 사람은 거의 없을 거예요. 평화라는 말이 좋은 뜻을 가지고 있기 때문이겠죠. 평화는 어떤 모습일까요? 도대체 평화는 무엇이길래 많은 사람들이 바라는 것일까요?

'평화롭게 살고 싶다'는 말도 들어 봤을 거예요. 이 말을 들으면 평소 생활과 관련된 일들이 먼저 떠올라요. 맛있는 음식을 먹을 때, 신나게 친구들과 놀 때, 숙제와 시험이 없는 날, 게임을 마음대로 할 수 있을 때 등 이럴 때 '평화롭다'는 생각을 할 수 있어요. 아주 틀린 생각은 아니에요. 그렇지만 평화를 공부하고 연구하는 사람들이 생각하는 것과는 조금 달라요.

"평화는 무엇일까요?"라는 질문을 하면 "전쟁이 없는 거잖아요."라고 대답하는 사람들이 많아요. 끔찍한 전쟁이 없으면 평화롭게 살 수 있다고 생각하기 때문이지요.

그렇지만 전쟁이 없는 곳에서도 평화롭게 살지 못하는 사람들이 많아요. 왜 그럴까요? 전쟁만 평화를 방해하는 게 아니기 때문이에요. 전쟁은 평화를 방해하는 많은 일 중 하나일 뿐이에요. 사람들의 생명을 빼앗는 무기, 강한 사람 편을 들고 약한 사람에게 피해를 주는 법과 규칙, 다르다는 이유로 사람을 차별하는 행동, 약한 사람을 위협하고 무시하는 말, 이런 것들이 다 평화를 방해하는 것이지요. 이런 것들을 한마디로 설명하는 말이 '폭력'이에요.

평화를 방해하는 폭력은 왜 생기는 것일까요? 그 이유는 폭력을 이용해서 자기 맘대로 행동하고 원하는 것을 얻으려는 사람들이 있기 때문이에요. 전쟁과 무기, 약한 사람에게 피해를 주는 법과 규칙, 다른 사람을 차별하고 무시하는 행동, 상처를 주는 말 등을 이용해서 말이죠. 그렇게 폭력을 써서 돈, 힘, 명예를 얻기도 하고, 다른 사람이 자기 앞에서 굽실거리고 말을 잘 듣게 만들기도 해요. 그런 사람은 자기보다 힘이 없는

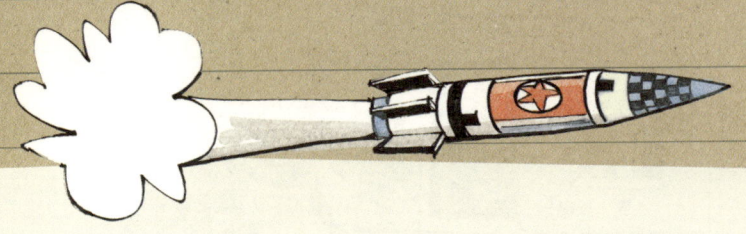

사람에게는 폭력을 써도 된다고 생각해요. 그리고 자기가 가진 힘을 이용하는 것은 잘못이 아니라고 말해요. 잘못은 힘을 가지지 못한 사람에게 있다고 우기면서요. 전쟁도, 사회에서 벌어지는 갑질도, 학교폭력도 모두 힘이 있으면 그 힘을 아무렇게나 써도 상관없다고 생각하는 사람들 때문에 생기는 거예요.

  폭력을 이야기할 때에는 반드시 폭력 때문에 살기 힘들어진 사람들에 대해 생각해야 해요. 폭력이 벌어졌다는 것은 바로 피해를 입는 사람이 생겼다는 뜻이니까요. 폭력 때문에 안전하게 살지 못하고 심지어 목숨까지 잃는 사람들이 많아요. 당장 목숨을 잃지는 않아도 점점 건강이 나빠지거나 사는 게 힘들어진 사람들도 많아요.

  폭력을 당해도 되는 사람은 없어요. 인간은 누구나 똑같이 행복하게 살 권리가 있기 때문이지요. 평화는 짧게 얘기하면 다른 사람의 강요나 위협 없이 자신이 하고 싶은 일을 자유롭게 하고 원하는 것을 얻을 수 있는 상황을 말해요. 인간은 누구나 평화를 누릴 자격이 있지만 폭력 때문에 평화를 누리지 못하는 사람들이 많아요.

그래서 이 책에서는 폭력의 피해를 입는 사람들에 대한 이야기를 하려고 해요. 평화를 알기 위해서는, 그리고 평화로운 세상을 만들기 위해서는 먼저 폭력이 누구에게 어떤 피해를 입히는지 알아야 하기 때문이에요.

평화는 나 혼자만 행복하고 편안하게 사는 것이 아니에요. 함께 행복하고 편안하게 사는 것을 말해요. 평화를 공부하는 이유는 지구에 사는 모든 사람이 함께 평화롭게 사는 세상을 만들기 위해서랍니다.

전쟁과 무기에 희생되는 사람들

전쟁은 사람이 사는 곳에서 일어날 수 있는
가장 무서운 일이에요.
지금도 세계 곳곳에서는 전쟁이 계속되고 있어요.
전쟁은 항상 많은 사람을 죽이고 삶을 파괴해요.
세상에 필요한 전쟁은 없어요.
모든 사람은 전쟁의 위험 없이 살 권리가 있어요.
그런데 전쟁이 없다고 사람들이 안전하게 살 수 있는 것은 아니에요.
전쟁이 없는 곳에서 총으로 목숨을 잃는 사람도 많아요.
우리가 사는 세상에서 어떤 일이 벌어지고 있는 것일까요?

사람을 죽이는 전쟁

시리아, 아프가니스탄, 남수단, 이라크, 소말리아, 예멘은 우리가 사는 곳에서 멀리 떨어진 아프리카, 남아시아, 중동에 있는 나라들이에요. 이 나라들은 2019년 지금까지도 전쟁을 겪고 있다는 공통점을 갖고 있어요. 더 슬픈 일은 모든 전쟁이 아주 오래전에 시작됐는데 끝날 기미가 없다는 거죠.

이 나라들 중 가장 오래 전쟁을 겪고 있는 나라는 2001년에 전쟁이 시작된 아프가니스탄이에요. 벌써 18년이나 됐어요. 다른 나라들도 꽤 오랫동안 전쟁을 겪고 있어요. 시리아는 8년, 남수단은 6년, 이라크는 16년, 소말리아는 10년, 그리고 예멘은 4년 동안 전쟁에 시달리고 있어요.

이 나라들은 긴 전쟁을 겪고 있다는 것과 함께 또 다른 공통점을 가지고 있어요. 한 국제단체가 매년 전 세계 나라들의 평화 순위를 매기는 〈세계 평화 지수〉라는 보고서를 내는데, 거기에서 2018년에 맨 꼴찌를 차지한 나라들이라는 거예요. 전쟁이 평화를 방해하는 가장 큰 원인이라는 것을 잘 말해 주지요.

전쟁은 많은 사람의 목숨을 잃게 해요. 서로

미워하는 집단이나 나라가 무기를 가지고 싸우는 일은 세계 곳곳에서 일어나는데, 그중 사망자가 일 년에 1천 명 이상 생긴 싸움을 '전쟁'이라고 불러요. 그러니까 사람이 죽지 않는 전쟁은 없는 거죠.
전쟁에서 목숨은 건져도 부상을 입는 사람들이 많이 생겨요. 어떤 사람들은 팔이나 다리를 잃고 장애인이 되기도 해요.

아주 옛날에는 직접 무기를 가지고 싸우는 병사들이 주로 목숨을 잃거나 부상을 입었어요. 그래서 지금도 전쟁이 나면 군인들이 가장 위험하다고 생각해요. 사실은 그렇지가 않아요. 군인만큼 민간인(군인이 아닌 일반인)들도 다치거나 사망하는 사람이 아주 많아요. 그 이유는 무기가 발달했기 때문이에요. 성능이 좋은 무기를 가진 힘이 센 나라나 무장 집단은 전투기나 미사일로 공격을 해요. 자기네 군인들은 죽지 않고 적에게만 큰 피해를 줄 수 있기 때문이죠. 이때 민간인들도 공격을 받고 피해를 입어요.

시리아 정부를 도우려고 시리아 내전에 발을 들여놓은 러시아는 군인을 보낸 것이 아니라 전투기로 포탄과 미사일을 떨어뜨리는 공격을 했어요. 2015년 9월부터 2018년 9월까지 3년 동안 704차례 공격을 했는데 병원, 학교, 모스크(이슬람교에서 예배하는 건물), 시장도 마구 공격해 셀 수도 없이 많은 민간인이 죽었어요.

어떤 나라들은 자기네 무기가 좋아서 군대 시설이나 군인들만 공격한다고 주장하지만 민간인들이 피해를 입지 않은 적은 없었어요. 엉뚱한 곳을 공격하거나 군인과 민간인들이 섞여 있는 곳을 공격하기 때문이에요.

가장 발달한 무기 중 하나인 드론도 마찬가지예요. 우리 주변에서 쉽게 볼 수 있는 드론이 놀랍게도 전쟁에서도 사용되어요. 미국은 2009년부터 2015년까지 예멘, 리비아, 파키스탄, 소말리아 등을 드론으로 공격할 때 실수를 해 민간인 116명이 희생되었다고 밝힌 적이 있어요. 그런데 민간 감시 단체가 발표한 숫자는 이보다 훨씬 많아요. 런던의 민간 감시 단체는 파키스탄에서만 600명이 넘는 민간인이 죽었다고 발표했어요. 드론 공격은 미국 뉴욕주에 있는 공군 기지에서 이뤄져요. 조종사들은 장비들이 있는 방에 앉아서 게임기를 조종하듯 컴퓨터 스크린으로 사람들의 움직임을 보고 버튼을 눌러서 미사일을 발사해요. 스크린으로만 보니 민간인을 구분하지 못해 실수하는 거예요. 이렇게 쉽게 사람을 죽일 수 있다니 너무 무서운 일이지요.

전쟁 때문에 생기는 다른 피해도 많아요. 전쟁이 길어지면 병원, 학

교, 도로 등이 모두 부서져서 사회가 제대로 돌아가지 않아요. 사람들은 집과 재산을 잃고요. 먹을 것을 구하기 힘들어서 아이들은 영양실조에 걸리기도 하고, 깨끗한 옷이나 물이 부족해서 전염병이 생기기도 해요. 지금 전쟁을 겪고 있는 모든 나라에서 이런 일이 벌어지고 있어요. 전쟁이 계속되는 곳에서는 목숨을 건졌어도 제대로 살 수가 없는 거지요. 사람이 겪을 수 있는 가장 끔찍한 일이 수시로 벌어져 전쟁은 그야말로 '지옥'과 다름없어요.

전쟁은 특히 힘없는 여성과 아이들에게 큰 고통을 줘요. 남성들은 전쟁터에 나갔기 때문에 여성들만 남아 가족의 안전을 책임지고 식량을 구하는 일을 해야 해요. 때로 무장 집단 사람들이 여자들을 납치해 성 노예로 삼거나 사고파는 끔찍한 일을 하기도 해요. 아이들은 폭격 때문에 매일 무서움에 떨면서 지내야 해요. 학교에 가지도 못하고 밖에 나가 놀지도 못해요. 아이들은 어른처럼 빨리 피할 수 없어서 쉽게 목숨을 잃기도 해요. 시리아에서는 화학 무기 공격으로 몸이 작고 약한 아이들이 희생되기도 했어요.

전쟁에서 살아남는 방법은 전쟁터를 떠나는 것이에요. 물론 끝까지 떠나지 않고 죽더라도 고향에서 죽겠다는 사람들도 있어요. 그러나 당장 살기 위해서, 그리고 자기 나라에서는 희망을 찾을 수 없어서 많은 사람이 피난길에 올라요. 그런 사람들이 바로 난민이에요. 현재 전 세계 난민은 약 2,540만 명인데 그중 57퍼센트가 수단, 시리아, 아프가니스탄 사람들이에요. 모두 전쟁을 피해 난민이 된 거예요. 난민은 다른 나라에서 보호를 받더라도 무척 어렵게 살아간답니다.

전쟁이 필요한 경우도 있을까요?

전 세계 많은 역사책이 전쟁에 대해 얘기하고 있어요. 우리도 역사를 공부할 때 우리 조상들이 겪었던 전쟁에 대해 배워요. 전쟁에서 이긴 것을 칭찬하기도 하고요. 그래서 전쟁이 좋은 일은 아니지만 인간이 겪을 수밖에 없는 일 중 하나라고 생각하는 사람이 많아요. 어쩔 수 없이 전쟁을 해야 할 때가 있다고 생각하는 거지요. 그런데 정말 그럴까요? 전쟁을 막는 것은 불가능할까요?

전쟁을 통해 이익을 얻으려는 사람들은 전쟁이 나라에도 도움이 된다고 얘기해요. 그런데 전쟁이 일어나면 이익을 얻는 사람들보다 손해를 보는 사람들이 더 많아요. 이익을 얻는 사람들은 전쟁에 찬성하는 일부 정치인들과 군인들이에요. 게다가 그 사람들은 안전한 곳에서 명령만 하고 전쟁터에서 싸우는 위험한 일은 거의 하지 않아요. 지금 시대에는 무기를 만드는 사람들이 가장 큰 이익을 챙겨요. 전쟁이 생기면 더 많은 무기를 팔 수 있기 때문이지요. 새로 만든 무기를 시험할 수도 있고요.

누군가 혼자서 전쟁을 결정한다면 어떨까요? 그건 문제겠지요. 많은 사람이 목숨을 잃거나 몸을 다치고 재산을 모두 잃을 수 있는 일이니까요. 사실 모든 전쟁은 힘 있는 한 사람, 또는 몇 사람의 결정으로 시작돼요. 옛날에도 지금도 전쟁을 시작하기 전에 거기 사는 사람들에게 전쟁을 할 것인지 물어보는 왕, 대통령, 정치인, 군인, 무장 집단 우두머리 등은 없어요. 그리고 많은 사람이 죽고 피해가 커져도 전쟁

을 끝내야 하는지 물어보지 않고 계속 전쟁을 해요. 이길 때까지 해야 한다고 생각하는 거지요.

어떤 사람들은 나라의 이익을 위해 전쟁을 해야 할 때도 있다고 말해요. 정말 그럴까요? 나라 사이에, 또는 정부와 무장 집단 사이에 전쟁이 생기는 이유는 서로 적에게 자기 힘을 보여 주고 다시는 함부로 공격하지 못하게 하려고 하기 때문이에요. 땅을 차지하거나 권력을 잡기 위해 전쟁을 하기도 해요. 그런데 그런 이익을 사람의 목숨과 바꿀 수 있을까요? 수만 명이 죽고, 아이들은 부모를 잃어 고아가 되고, 사람들은 폭탄, 총, 전투기 소리 때문에 정신병에 걸릴 정도가 되는데 말이에요. 전쟁터에서 죽은 군인의 가족에게 과연 나라의 이익이 위로가 될까요? 그 누구도 전쟁이 필요하다고 말할 수는 없어요.

20세기 초반에 있었던 1차 세계 대전과 2차 세계 대전은 세계 곳곳을 전쟁터로 만들었어요. 일본 지배에 있던 조선도 전쟁에 뛰어든 일본 때문에 식량과 물자를 뺏겼어요. 조선인 일본인 할 것 없이 남자, 여자 모두 전쟁터로 끌려가야 했어요. 세계 대전을 겪고 난 뒤로도 굶주리고 질병이 퍼져 전 세계에서 1억 명에 가까운 사람들이 죽었어요. 두 번의 전쟁을 통해 사람들은 전쟁은 절대 일어나서는 안 되는 일이라는 것을 깨달았어요.

하지만 그 뒤로도 나라 사이에, 한 나라에 있는 무장 집단들 사이에

계속 전쟁이 일어났어요. 그중에 사람들에게 이익이 된 전쟁은 하나도 없어요. 권력과 명성을 얻은 몇 사람을 빼고 평범한 사람들은 모두 피해를 입고 나라는 망가졌어요.

21세기에 일어난 전쟁 중 많이 알려진 전쟁은 아프간 전쟁이에요. 아프간 전쟁은 2001년 미국의 뉴욕과 워싱턴에 테러 공격이 있은 후, 미국이 범인인 오사마 빈 라덴이 숨어 있는 아프가니스탄을 공격하면서 시작됐어요. 미국은 당시 정권을 잡고 있던 탈레반을 쫓아내고 아프가니스탄에 미국과 친한 정권을 세웠어요. 탈레반은 무장 세력이 되어 아프간 정부와 미국을 포함한 연합군과 싸웠어요. 미국은 탈레반이 곧 사라질 것으로 생각했지만 탈레반은 세력이 더 커졌고 지금까지 전쟁은 끝나지 않았어요. 18년 동안 아프간 전쟁을 하고 있는 미국은 많은 군인을 잃었고 어마어마한 전쟁 비용을 썼어요. 해마다 수천 명의 아프가니스탄 사람들이 미군, 정부군, 무장 집단에 의해 죽고 있어요.

마찬가지로 전쟁을 겪고 있는 시리아, 소말리아, 남수단, 예멘도 나라 전체가 망가져 위험한 곳이 됐어요. 그런데도 전쟁은 끝날 기미가 없어요. 전쟁은 한 번 시작하면 끝내기가 매우 어렵기 때문에 시작하지 않는 게 중요해요.

전쟁의 위험 없이 살 권리가 있어요

　전쟁이 필요하다고 말하는 사람들 중에는 전쟁을 일으켜서 나쁜 지도자를 쫓아내면 그 나라 국민들한테도 이익이라고 말해요. 물론 나쁜 지도자도 있어요. 하지만 그런 지도자를 쫓아내려면 사람들이 힘을 합쳐서 제도를 바꾸고 선거를 통해 좋은 지도자를 뽑아야 해요. 전쟁은 결코 답이 아니에요.

　필리핀에는 마르코스라는 독재자가 있었어요. 1965년부터 1986년까지 대통령을 했어요. 1972년부터는 군사 계엄령을 선포하고 국민과 정치인들을 협박하는 정치를 했어요. 마르코스는 1986년 대통령

선거에서 떨어지자 가짜로 결과를 만들어 발표했어요.

필리핀 국민들은 독재 행위를 지켜만 보고 있지 않았어요. 모두 거리로 나와 마르코스에 반대하는 평화 시위를 했어요. 이 시위는 피플 파워(People Power), 말 그대로 '대중의 힘'이라고 불렸어요. 결국 독재자 마르코스는 하와이로 쫓겨나고 선거에서 이긴 새로운 대통령이 취임했어요. 만일 마르코스를 쫓아내기 위해 누군가 군대를 동원하고 전

쟁을 일으켰다면 필리핀은 민주주의를 다시 찾지 못했을 거예요.

전쟁은 인간이 경험할 수 있는 가장 나쁜 일이에요. 그러니 어떤 이유로든, 어떤 상황에서든 전쟁이 필요하다고 얘기하면 안 돼요. '나라 사이에, 그리고 무장 집단들 사이에 전쟁이 생길 수도 있지.' 또는 '나쁜 나라는 전쟁을 해서라도 벌을 줘야지.'라고 생각하면 정말 전쟁이 일어날 수도 있어요. 사람들의 그런 생각이 전쟁을 원하는 정치인과 군인에게는 전쟁을 해도 된다는 허락이 될 수도 있으니까요.

그래서 우리는 '전쟁은 절대 안 돼!'라고 말해야 해요. 우리나라에서도, 세계 어느 나라에서도 전쟁은 안 된다고 말이에요. 전쟁은 사람을 죽이고 생활을 완전히 망가뜨리는 일이라는 걸 알고 있으니까요.

전쟁에 반대해야 하는 또 다른 이유는 모든 사람은 전쟁의 위험 없이 살 권리가 있기 때문이에요. 그것을 '평화적 생존권'이라고 해요. 평화적 생존권은 전 세계 모든 사람이 반드시 누려야 하는 권리예요. 세상에 태어난 사람은 누구든 자기 생명을 뺏기지 않고 자유롭게 살 권리가 있어요. 이 권리를 지키기 위해서 우리는 전쟁이 없을 때도 전쟁에 반대해야 하고, 전쟁이 있을 때는 빨리 전쟁을 끝내라고 얘기해야 해요.

전쟁이 없어도 안전하지 않아요

전쟁터에서만 사람들이 무기에 희생되는 건 아니에요. 전쟁이 없는 곳에서도 무기 때문에 많은 사람이 목숨을 잃어요. 왜 그럴까요? 답은 간단해요. 세상에 무기가 너무 많기 때문이에요. 전 세계에서 무기로 인해 죽는 사람들은 한 해 56만 명 정도라고 해요. 그런데 56만 명 중 80퍼센트가 전쟁이 없는 곳에서 목숨을 잃는 사람들이에요.

전투기, 항공 모함, 포대에서 발사되는 미사일부터 작은 권총까지 세상에는 많은 종류의 무기가 있어요. 그런데 미사일처럼 한 번에 큰 피해를 주는 무기보다 작은 권총, 연발 권총, 엽총 같은 무기가 더 많은 사람의 목숨을 빼앗고 있어요. 이런 종류의 무기를 '소형 무기'라고 불러요. 많은 나라에서 합법적으로, 또는 불법으로 소형 무기들을 구할 수 있어요. 이 무기들은 가지고 다닐 수 있어서 범죄나 살인에 사용돼요.

전 세계에 있는 소형 무기, 그러니까 총은 10억 개 정도라고 해요. 세계 인구가 약 77억 명이니까 일곱 명 중에 한 명은 총을 가지고 있는 셈이지요. 그중 정부나 군인이 아니라 평범한 개인이 가지고 있는 총은 8억 6천 개 정도라고 해요. 그런데 그중 1억 개 정도만 등록돼 있어요. 등록이 돼 있어야 정부나 경찰이 문제가 생기지 않게 감시할 수 있는데 그렇지 않은 총이 훨씬 더 많다는 것이지요. 물론 등록된 총을 가지고도 사람을 공격하는 일이 생겨요.

  전쟁 중인 시리아, 아프가니스탄, 이라크 같은 나라에서 총 때문에 죽는 사람들이 많은 건 짐작할 수 있는 일이지요. 전쟁이 벌어지고 있으니까요. 그런데 전쟁이 없는 엘살바도르, 베네수엘라, 온두라스, 자메이카 같은 나라에도 전쟁이 있는 나라만큼 총에 맞아 죽는 사람이 많아요. 총을 가지고 있는 사람이 많고 총을 이용해 범죄를 저지르는 사람들이 많기 때문이에요. 영화나 드라마에서 볼 법한 일이 정말 일어나고 있는 거예요. 해마다 38만 명이 넘는 사람들이 전쟁이 없는 곳에서 총을 이용한 범죄로 목숨을 잃고 있어요. 범죄가 아닌 총기 사고로도 해마다 약 7만 명이 사망한답니다.

  전 세계에 있는 총을 조사하는 '소형 무기 조사'라는 기관에서는 2030년까지 약 80만 명이 넘는 사람들이 소형 무기 때문에 죽을 수도 있다고 예상했어요. 지금처럼 세계 많은 나라가 온갖 총을 만들고 팔고, 평범한 사람들이 쉽게 총을 손에 넣을 수 있는 상황이 계속되면 말이지요. 하지만 총을 쉽게 사고팔 수 없게 법으로 규제하고, 총을 이용한 범죄를 줄이기 위해 노력하면 2030년에는 한 해 40만 명까지 사망자가 줄어들 수도 있다고도 예상했어요. 전 세계가 힘을 합쳐 무기를 줄여 나가야 하는 이유랍니다.

총이 아이들을 공격해요

전 세계에서 총이 가장 많은 나라는 어디일까요? 전쟁이 벌어지고 있는 나라일까요? 범죄가 많은 나라에 총이 많을 거라고요? 놀랍게도 총이 가장 많은 나라는 미국이에요.

미국의 인구는 약 3억 2천 700만 명이에요. 그런데 미국 내에 시민들이 보유한 총의 개수는 3억 9천만 개나 돼요. 전 세계 총의 약 40퍼센트가 미국에 있어요. 두 번째로 많은 나라는 인도인데, 약 7천 100만 개의 총이 있다고 해요. 인도 인구는 13억 5천만 명 정도니까 한 사람당 가진 총의 숫자로 보면 미국보다 훨씬 적은 셈이에요. 세 번째로 총이 많은 나라는 중국으로 약 5천만 개고, 네 번째는 파키스탄으로 약 4,400만 개의 총이 있다고 해요. 이런 나라들에서는 군인이나 경찰이 가지고 있는 총은 약 15퍼센트밖에 되지 않고 나머지인 약 85퍼센트를 일반인들이 가지고 있다고 해요.

미국은 세계에서 민주주의가 잘 발달한 나라 중 하나고, 경찰도 많고 전쟁도 없는데 일반인이 총을 가장 많이 가지고 있는 독특한 나라예요. 미국인의 40퍼센트가 총을 가지고 있거나 자기 집에 총이 있다고 대답했어요. 왜 평범한 사람들이 자연스럽게 총을 가지고 있는 걸까요? 왜 많은 사람이 총을 가지고 싶어 할까요? 왜 총을 가지는 것을 아무렇지 않게 생각하는 사람들이 많은 것일까요? 그 이유는 미국에 퍼져 있는 '총기 문화' 때문이에요. 미국이라는 나라가 생기기 전에 아메리카 대륙에 이주해 살던 사람들은 자신과 가족을 보호하려고 총을 가지고 있었어요. 그 시기에는 땅은 넓은데 인구는 적고 도시나 마을이 거의 없었어요. 무서운 산짐승이나 나쁜 사람들을 만나도 주변에서 도와줄 사람을 찾을 수가 없었기 때문에 자연스럽게 총을 지니고 다니게 됐어요. 그런 습관이 지금까지 이어져 온 것이지요. 지금도 많은 미국인이 자기와 가족을 보호하려면 총이 필요하다고 말해요.

이렇게 총이 많다 보니 미국에서는 총기 사고가 많이 일어나요. 자신과 가족을 지키기 위해 총이 필요하다고 말하지만 사실은 그 총 때문에 위험하게 된 상황이에요. 쉽게 총을 살 수 있고 손이 닿는 곳에 총이 있으니 총으로 화풀이를 하는 범죄에 쉽게 노출돼요. 그래서 총에 맞아 죽는 사람이 한 해에 1만 명이 넘어요.

이러다 보니 사람이 많은 곳에서 마구잡이로 총을 쏘는 끔찍한 사고가 일어나기도 해요. 2018년에는 미국에 있는 학교에서 아흔네 번이나 총기 사고가 일어났어요. 역사상 학교 총기 사고가 가장 많이 일어난 해였어요. 죽거나 부상을 입은 아이들이 163명이나 됐어요. 충격적인 건 이 총기 사고의 범인 대부분이 열여섯 살이나 열일곱 살 된 청소년들이라는 점이에요. 집에 있는 총을 들고 학교에 가서 친구들을 쏜 거지요. 그래서 미국의 학교에는 총을 든 경찰이 있고 학생들은 물건이 다 보이도록 투명 배낭을 가지고 등교하기도 해요. 수시로 대피하는 훈련도 해요. 그러나 이런 감시와 대피 훈련으로 총기 사고를 전부 막을 수는 없어요.

많은 미국인이 총을 쉽게 사고팔 수 없게 법을 만들어야 한다고 주장하고 있어요. 정부와 국회 의원들에게 항의도 하고 여러 가지 총기 반대 캠페인도 벌이고 있어요. 하지만 아직도 바뀌지 않고 있어요. 총을 만드는 기업들과 총기 소유를 지지하는 '미국 총기 협회'라는 단체가 엄청난 돈을 쓰면서 정치인들을 설득하고 있기 때문이에요.

　변화가 없으면 총기 사고로 죽는 사람들이 더 많아질 수밖에 없어요. 물론 학교에서 벌어지는 총기 사고도 많아지겠지요. 총은 무기예요. 무기는 다른 사람을 공격하기 위해 만들어진 거예요. 자기를 보호하기 위해 총이 필요하다고 말하지만 사실은 그 총 때문에 자신도 다른 사람도 위험해져요. 미국처럼 전쟁이 없고 민주주의가 발달한 나라에서도 총이 많으면 누구도 안전할 수 없어요.

다음 피해자가 될 수 없어요!

2018년 2월 14일, 미국 플로리다주에 있는 마조리 스톤맨 더글라스 고등학교에서 총기 사고가 났어요. 학생과 교사 열일곱 명이 목숨을 잃고 열일곱 명이 부상을 당했어요. 범인은 열아홉 살인 그 학교 졸업생이었어요. 미국 고등학교에서 일어난 총기 사고 중 가장 피해가 컸어요. 미국 전체가 슬픔에 잠겼고 사람들은 분노했어요. 총을 소유하고 다루는 것과 관련된 법이 허술해서 난 사고니까요.

사고가 난 후 총기를 쉽게 팔거나 가질 수 없게 하는 법을 만들라는 캠페인이 전국적으로 일어났어요. 사실 오랫동안 여러 캠페인이 있었지만 총기 판매와 소유를 지지하는 사람들 때문에 별다른 변화가 없었지요.

그런데 이번엔 달랐어요. 사고를 겪은 학생들이 직접 나섰기 때문이죠. 학생들은 사고 바로 다음 날 '절대 다시는(Never AGAIN)'이라는 단체를 만들고 전국적으로 호소하기 시작했어요.

"다음 피해자가 될 수 없다."라고 외치면서요.

총기 회사와 미국 총기 협회에 협력한 국회 의원들에게도 항의했어요.

학생들은 청소년 시위도 조직했어요. 미국의 수도 워싱턴에서 '우리 생명을 위한 행진'이라는 집회를 열기로 하고 전국의 청소년들에게 함께해 달라고 호소했어요. 3월 24일 워싱턴 집회에는 80만 명 정도가 모였어요. 전국에서 온 청소년들은 물론 어른들도 집회에 참여했어요. 800개 정도의 미국 도시들과 런던, 시드니, 도쿄 등 세계 도시들에서도 집회가 열렸어요. '절대 다시는' 단체를 만든 학생 중 한 명인 엠마 곤잘레스는 집회 연설에서 "6분 만에 열일곱 명의 친구를 잃었다. 총을 가진 사람에게 목숨을 잃지 않으려면 싸워야 한다."라고 말했어요.

학생들이 시작한 캠페인 덕분에 여러 기업이 미국 총기 협회와 관계를 끊었어요. 이들은 지금도 캠페인을 이어 가고 있답니다.

차별과 혐오의 피해자들

우리가 사는 세상에는 다양한 인종, 민족, 부족 등이 있어요.

세상에 다양한 사람들이 있다는 것은

참 다행스러운 일이에요.

그래서 인류가 지금의 수준까지 발전할 수 있었으니까요.

그런데 그저 다르다는 이유로 차별을 당하는 사람들이 여전히 많아요.

심지어 지독하게 미움을 받고 내쫓기는

혐오의 대상이 되기도 해요.

그들이 태어난 그대로의 모습으로 인정받지 못하는 이유는 무엇일까요?

누가 그들을 차별하고 혐오하는 것일까요?

피부색이 달라서 겪는 차별

차별은 한 사람이 가진 특징을 부족하거나 옳지 않은 것으로 만들어서 무시하고 피해를 주는 것을 말해요. 이것 역시 하나의 폭력입니다. 특히 사람의 힘으로 어쩔 수 없는 얼굴 모양, 피부색, 키, 출신 국가와 민족이 다르다는 것을 이유로 차별하는 일이 지금도 곳곳에서 일어나고 있어요. 이 세상에 똑같은 사람은 존재할 수 없고 생김새나 출신이 다른 건 누구나 마찬가지일 텐데 말이에요.

그중 흑인 인종 차별은 역사가 깊어요. 15세기 중반 유럽에 살던 백인들은 아프리카 사하라 이남 지역에 발을 들여놓았어요. 그러다 16세기 초부터 아프리카인을 잡아다 파는 노예 무역을 시작했어요. 아프리카에서 흑인들을 잡아서 아메리카 대륙으로 데려가 노예로 판 거예요.

이렇게 아프리카에서 잡혀 노예로 팔린 흑인들은 3천만 명이 넘었어요. 배 안에 짐처럼 빼곡하게 실린 흑인 노예들은 바다를 건너가는 동안 죽거나 병들었어요. 살아남은 노예들은 학대를 받으며 설탕, 목화, 담배를 재배하는 농장이나 광산과 공사장 같은 곳에서 일했어요. 농장 주인의 집안일을 하기도 했어요. 백인들은 흑인 노예를 재산으로 생각하며 그들의 자녀도 노예로 삼았지요.

남북 전쟁이 끝나고 난 1865년, 미국은 헌법을 수정해서 공식적으로 노예 제도를 없앴어요. 그렇다고 인종 차별이 없어진 것은 아니었어요. 흑인들은 자유의 몸이 됐지만 백인들과 똑같은 대우를 받지 못했어요.

특히 미국 남부에 있는 주에서는 짐 크로 법(Jim Crow Laws)이라는 인종 분리 정책이 있어서 학교에서부터 식당까지 모든 공공장소에서 흑인은 백인과 같은 시설을 사용할 수 없었어요. 버스에서도 정해진 뒷자리에만 앉아야 했어요. 백인들은 항상 더 좋은 시설과 자리를, 흑인들은 안 좋은 시설과 자리를 이용했지요. 이 법은 1965년까지 계속됐어요.

미국에서 법은 사라졌지만 지금도 인종 차별은 계속되고 있어요. 흑인이라는 이유만으로 범죄자로 오해받기도 하고, 경찰에게 구타를 당하거나 심지어 경찰 총에 맞아 죽는 일도 생기고 있어요.

남아프리카공화국의 아파르트헤이트(Apartheit)도 대표적인 인종 차별 정책이에요. 남아프리카공화국에서 살던 백인들은 1948년부터 법을 만들어 공식적으로 인종을 분리하고 차별했어요. 인종을 백인, 흑인, 유색인, 인도인으로 등급을 매기고 인종별로 살 수 있는 곳과 갈 수 있는 곳을 정해 놓았어요. 다른 인종끼리 결혼도 할 수 없게 했어요. 이 법은 남아프리카공화국 최초 흑인 대통령 넬슨 만델라의 노력으로 1994년이 되어서야 없어졌어요.

　오스트레일리아에도 백호주의(White Australia Policy), 그러니까 '백인의 오스트레일리아'라는 차별 정책이 있었어요. 오스트레일리아 역시 유럽인이 이주하여 만든 나라예요. 1850년대에 금광이 발견되자 많은 유럽인이 금을 찾거나 금광에서 일하기 위해 오스트레일리아로 이주했어요. 그 뒤로 중국인 이주민이 급격히 늘자 백인들은 1888년부터 중국인들의 이민을 막기 시작했어요. 이후에는 백인 외의 모든 유색 인종의 이민을 막았고, 1901년 정식으로 법을 만들어 백호주의 정책을 시작했어요. 이 차별 정책은 1973년 인종 차별 금지법이 만들어

지면서 없어졌어요.

　인종 차별 정책은 이제 모두 사라졌지만 사람들 마음속에 있는 고정 관념까지 완전히 사라진 것은 아니에요. 아직도 자신보다 피부색이 진하다는 이유로 다른 인종을 차별하는 사람들이 많거든요.

　우리나라에도 인종 차별을 하는 사람들이 있어요. 인종에 대한 선입견이 있는 경우가 많지요. 많은 사람이 아직도 백인들은 경제적으로 발달하고 우리나라에게 이익을 주는 나라에서 온 사람들이라는 고정 관념을 가지고 있어요. 그래서 백인들에게 친절하게 대하고 친하게 지내려고 해요. 반대로 흑인과 아시아인은 우리보다 못 사는 나라

사람들이고 우리에게 도움이 되지 않는다고 생각하는 사람들이 많아요. 버스나 거리에서 피부색이 진한 외국인을 보면 무시하거나 심지어 욕을 하는 사람도 있어요. "너희 나라로 돌아가!"라고 소리치는 사람도 있어요.

피부색으로 사람을 평가하는 것은 옳지 않아요. 그런 행동은 정책까지 만들어서 피부색이 다른 인종을 모두 무시하고 온갖 방법으로 차별한 백인들이 했던 행동과 다르지 않아요. 아주 부끄러운 일이고 함께 사는 평화로운 세상을 만들기 위해서는 절대 해서는 안 되는 일이에요.

힘이 있으면 미워하고 차별해도 된다고요?

우리나라에 사는 사람들은 대부분이 한민족이에요. 다른 민족 사람들은 그에 비해 수가 적기 때문에 우리나라에도 다양한 민족이 섞여 살고 있다는 사실을 잊고 지내는 사람이 많아요.

세계에는 여러 민족이 함께 사는 나라가 많아요. 서로 존중하고 배려하면서 함께 잘 사는 나라도 있고 그렇지 않은 나라도 있어요. 힘이 센 하나의 민족이 다른 민족을 무시하고 차별하는 곳도 있어요. 무시와 차별이 계속되어 전쟁이 일어나기도 해요.

 인도반도 동남쪽에 있는 섬나라인 스리랑카는 전쟁을 26년 동안이나 겪었어요. 다른 나라와 싸운 것이 아니라 나라 안에 있는 두 민족이 싸운 거예요. 스리랑카에는 크게 두 개의 민족이 있어요. 하나는 전체 인구 중 약 75퍼센트를 차지하는 신할리즈족이고, 다른 하나는 약 12퍼센트를 차지하는 타밀족이에요.

 아주 옛날에는 스리랑카 인구의 대부분이 신할리즈족이었어요. 그런데 스리랑카를 점령한 영국이 19세기 초부터 차, 커피, 코코넛 농장에서 일을 시키기 위해 인도에서 타밀족 노동자들을 데려와 타밀족 인구가 늘어났어요. 1931년 영국은 타밀족에게 신할리즈족과 똑같이 투표권을 주고 정부에서 높은 자리도 차지할 수 있는 기회를 주었어요. 스리랑카가 자신들만의 나라라고 생각한 신할리즈족은 이것을 못마땅하게 생각했어요.

 1948년이 되자 스리랑카는 영국으로부터 독립했고 다음 해에 신할리즈족은 타밀족의 투표권과 시민권을 빼앗았어요. 그후 신할리즈족의 민족주의는 더 강해졌고 스리랑카에서 신할리즈어 외에 다른 언어는 못 쓰게 했어요. 신할리즈족의 공격으로 수백 명의 타밀족이 목숨을 잃는 일도 빈번해졌어요.

 결국 1983년 내전이 시작됐고 26년 후인 2009년 스리랑카 정부는 타밀족 반군을 공격해 전쟁을 끝냈어요. 오랜 전쟁으로 10만 명 이상이 사망하고 약 6만 5천 명이 실종됐어요. 차별에서 시작된 전쟁이 수많은 목숨을 빼앗고 나라 전체를 망가뜨렸어요. 스리랑카는 아직도 평화롭지 않아요. 타밀족에 대한 차별이 없어지지도 않았고요.

민족이 아니라 종교가 다르다는 이유로 차별을 하기도 해요. 아프리카의 수단에서는 이슬람을 믿는 북부 사람들과 기독교를 믿는 남부

사람들 사이에 문제가 생겼어요. 수단에서는 1955년부터 2005년까지 수십 년 동안 두 차례의 긴 전쟁이 있었어요. 수백만 명이 목숨을 잃었지요. 정권을 잡은 북부 사람들은 남부 사람들에게 이슬람법을 따르라고 강요했어요. 남부 사람들에게 충분히 교육을 받거나 공무원이 될 기회를 주지 않고 사회 시설도 제대로 만들어 주지 않았어요. 기독교인들을 죽이고 교회, 병원, 학교 등을 부수기도 했어요.

지금도 세계 곳곳에서 민족과 종교가 다르다는 이유로 미움과 차별이 계속되고 있어요. 흔히 숫자가 많은 민족이 숫자가 적은 민족을 차별해요. 이슬람을 믿는 사람이 많은 이라크, 이집트, 인도네시아 같은 나라에서는 기독교를 믿는 사람을, 기독교를 믿는 사람이 많은 미국이나 영국에서는 이슬람을 믿는 사람을 미워하고 차별하기도 해요. 불교를 믿는 사람이 많은 미얀마에서는 이슬람을 믿는 사람을, 힌두교를 믿는 사람이 많은 인도에서는 이슬람을 믿는 사람들을 무시하고 차별하고 공격해요. 특히 기독교를 믿는 사람들과 이슬람을 믿는 사람들이 서로 미워하고 차별하는 일이 많아요. 이슬람을 믿는 사람이 많은 나라에서는 기독교인들을 서양 기독교 나라들과 한편이라고 생각해서 차별하고 공격해요. 기독교를 믿는 사람이 많은 나라에서는 이슬람을 믿는 사람들을 범죄자로 취급하면서 무시하고 차별해요. 그렇지만 기독교를 믿는다고 자기 나라를 싫어하는 것이 아니고, 이슬람을 믿는다고 폭력적인 것이 아니에요.

다른 민족이나 종교를 가진 사람들을 미워하고 차별하는 것은 자기 민족이나 종교가 수적으로 우위에 있어 힘이 있다고 믿기 때문이에요. 아주 비겁한 생각이지요. 어느 민족에서 태어날지는 자기 맘대로 정할 수 없고, 사람은 누구나 자기가 원하는 종교를 가질 권리가 있어요. 이런 자연스럽고 당연한 것을 약점으로 삼아서 공격하면 절대 함께 살 수 없어요. 서로 인정하고 배려하지 않으면 평화가 깨지고 누구도 안전하고 행복하게 살 수 없답니다.

평등은 항상 옳을까요?

차별을 없애려면 어떻게 해야 할까요? 차별이 없다는 것은 모두가 평등한 대우를 받는다는 것을 뜻해요. 피부색이 어떻든, 어느 민족이든, 남자든 여자든, 교육을 많이 받았든 적게 받았든, 그리고 재산이 얼마가 있든지 상관없이 말이에요. 그러니까 평등해지면 차별이 없어지는 거지요. 그런데 평등이 무조건 옳은 것일까요?

앞에서 말한 흑인들 얘기를 해 볼게요. 아프리카 흑인들은 고향에서 잡혀서 낯선 땅에 노예로 팔려 갔어요. 미국이나 캐나다에서 노예로 살아온 흑인들은 1960년대까지 온갖 차별 정책 때문에 제대로 교육을 받을 수도 좋은 직장을 가질 수도 없었어요. 당연히 경제적으로 어려울 수밖에 없었고, 기업인이나 정치인이 되기 위한 길도 좁았어요. 최초의 미국 흑인 대통령이었던 버락 오바마는 아주 특별한 경우예요. 캐나다와 미국 원주민들의 상황도 비슷해요. 원주민들은 백인들에 의해 자기가 살던 곳에서 쫓겨나 백인들이 정해 준 보호지 안에서 살아야 했어요. 당연히 사회에서 뒤처질 수밖에 없었지요.

그런 사람들에게 어느 날 갑자기 백인과 평등하게 살 수 있게 해 준다고 차별에 대한 문제가 해결될까요? 그것은 오히려 또 다른 차별이 될 수 있어요. 예를 들어, 두 명이 달리기를 할 때 한 명은 먼저 뛰고 다른 한 명은 나중에야 평등하게 기회를 주겠다고 하면서 먼저 뛴 아이를 따라잡아 보라고 한다면 어떨까요? 바로 이런 경우와 같은 상황이지요.

다른 예를 들어 볼게요. 우리나라에서 휠체어를 타는 장애인들은 시외버스나 고속버스를 타고 멀리 여행을 가기 힘들어요. 버스에 휠체어를 실을 수 없기 때문이지요. 그런데 누구든 돈만 내면 차표를 살 수 있으니 평등한 것이라고 얘기하는 사람들이 있어요. 과연 그것이 평등한 것일까요? 평등하다고 말하려면 우선 버스에 휠체어를 실을 수 있는 시설이 있어야 해요. 어떤 사람들은 일반인과 다르니 불편해도 할 수 없지 않냐고 말해요. 그런데 자신이 원해서 장애인이 된 사람은 없어요. 장애가 있는 사람도 불편하게 살지 않을 권리가 있고 사회가 그렇게 해 줘야 해요.

누구도 차별받지 않는 세상이 되려면 평등하게만 대하면 되는 상황인지도 먼저 살펴봐야 해요. 그렇지 않다면 그동안 대우를 받지 못한 사람들이 다른 사람들과 같은 수준이 될 때까지 사회와 주변 사람들

이 관심을 가지고 지원하고 도와야 해요. 돈이 없어서 굶어야 하는 아이에게는 돈을 벌 수 있을 때까지 안전하게 살면서 충분히 교육받을 수 있게 해 줘야 해요. 휠체어를 타는 장애인에게는 혼자서도 여행할 수 있도록 훈련받을 기회를 주고 편안한 교통 시설을 마련해 주어야 해요. 그렇게 기본을 갖춘 다음에 평등을 얘기할 수 있는 거예요.

피부색, 민족, 종교 때문에 차별받거나 공격받는 사람들도 마찬가지예요. 차별을 없애려면 그런 사람들을 먼저 지원하고 보호해 줘야 해요. 그런 다음에 평등하게 대우를 하고 동등하게 기회를 줘야 해요. 하지만 차별하는 사람들은 차별받는 다른 민족이나 종교를 가진 사람들, 그리고 약한 사람들에게 관심이 없고 보호해 줘야 한다는 생각을 미처 하지 못해요. 때로는 자기들이 인원수도 많고 권력도 있으니 자신들 중심으로만 세상이 돌아가길 바라기도 하지요. 자신들이 차별하던 소수의 사람들이 아주 사라져 버렸으면 좋겠다고 생각하는 사람도 있어요. 생각에 그치지 않고 행동에 옮기는 사람들도 있고요.

무조건 싫다고 말하는 사람들

여러 이유를 대며 차별하는 것보다 더 무서운 것은 무작정 싫어하고 미워하는 거예요. 그런 감정을 '혐오'라고 해요. 물론 누군가를 싫어할 수도 있어요. 그것도 누구나 누려야 하는 자유예요. 그렇지만 누군가를 싫어하고 너무 미워한다고 해서 말과 행동으로 공격한다면 그것은 자유가 아니라 다른 사람에 대한 폭력이에요. 혐오는 그보다 더한 폭력이에요. 어떤 사람이나 집단의 진짜 모습이나 행동과는 상관없이 무조건 싫어하고 미워하기 때문에 일부러 거짓말을 지어내거나 과장을 해서 많은 사람이 싫어하게 만드는 것이 바로 혐오니까요.

2차 세계 대전 때 독일 나치 정부는 6백만 명이 넘는 유대인을 추방하고 죽였어요. 뿐만 아니라 5백만 명이 넘는 장애인, 집시, 동성애자, 정치범 같은 사람들도 잡아들여 죽였어요. 나치 정부는 유대인을 혐오하는 감정을 정치적으로 이용했어요. 유대인이 독일에 해를 끼치니까 없어져야 한다고 거짓 선동을 했고, 그 결과 대학살로 이어졌어요. 나치 정부가 이렇게 많은 사람을 죽인 것을 '홀로코스트'라고 불러요. 인류 역사에서 가장 잔인한 범죄로 꼽히지요.

2015년 9월에는 헝가리와 세르비아의 국경에서 전 세계 사람들을 화나게 만든 일이 벌어졌어요. 당시 헝가리 경찰은 국경을 넘으려는 시리아 난민들을 막기 위해 대치하고 있었어요. 난민들은 경찰을 피해 도망치며 국경을 넘어오려고 시도하고 있었어요. 난민 중에는 어린아이들도 많았어요.

그 자리에는 기자들도 자리하고 있었어요. 그중에서 난민들을 취재하던 한 여자 기자가 돌연 자기 앞으로 달려오는 열 살도 안 돼 보이는 난민 여자아이를 발로 찼어요. 그다음에는 두세 살 정도 되어 보이는 아이를 안고 경찰을 피해 도망가는 남자의 다리를 걸어 넘어뜨렸어요. 아이도 같이 땅바닥에 굴러 울음을 터트렸지요. 이 모습은 다른 기자의 카메라에 그대로 찍혀 전 세계로 보도되었어요. 전 세계 사람들은 분노했어요. 일부러 발로 차고 다리를 건 것이 분명했으니까요. 그 기자는 난민들이 몰려오는 것을 보고 무서워서 생각 없이 한 행동이라고 변명했어요. 전 세계 사람들이 비난하자 결국 방송국은 그 기자를 해고했어요.

짐작되는 것은, 그 기자가 자기 나라에 난민이 들어오는 상황을 싫어했을 것이라는 점이에요. 또 힘이 없는 난민을 무시하고 막 대해도 된다고 생각했기 때문일 거예요. 그렇지 않으면 아이들까지 발로 찬 이유를 설명하기 힘들어요. 난민을 혐오하는 마음이 행동으로 나타난 거예요.

2017년 8월 미얀마에서도 혐오로 인해 끔찍한 사건이 벌어졌어요. 미얀마 군대와 미얀마에서 불교를 믿는 토착민들 일부로 구성된 무장 집단이 로힝야족 사람들을 공격해 죽이고 마을을 불태운 사건이에요. 로힝야족은 미얀마에 있는 소수 민족으로 이슬람을 믿는 사람들이에요. 수백 년 전부터 미얀마에 살고 있었어요. 그런데 영국이 미얀마를 지배하던 19세기와 20세기 초에 부족한 노동력 문제를 해결하고자 주변 나라에서 로힝야족 사람들을 데려왔고, 로힝야족 수가 늘어나면서 불교도인 토착민과 갈등이 생겼어요. 미얀마가 영국으로부터 독립한 후에도 갈등이 이어지며 로힝야족을 미얀마 국민으로 인정하지 않았어요. 로힝야족 사람들은 미얀마에서 나고 자랐는데도 미얀마 사람이 아닌 채로 살고 있어요. 자유롭게 여행할 수도 없고 교육도 제대로 못 받고 공무원도 되지 못해요.

미얀마 정부는 차별을 넘어서 로힝야족 사람들을 학살하기에 이르렀어요. 2017년, 미얀마 군대와 무장 집단이 로힝야족 사람들을 공격했어요. 1만 명 이상이 목숨을 잃고 여자 어른들과 아이들은 성폭력을 당했어요. 400개가 넘는 마을이 불타 없어졌어요.

더 이상 미얀마에서 살 수 없게 된 로힝야족 사람들은 이웃 나라인 방글라데시로 무작정 피난길에 올랐어요. 70만 명이 넘는 사람들이 난민이 되어 미얀마를 떠났지요. 난민이 되어 떠도는 로힝야족 사람들이 안전하게 살 수 있을지 아직은 알 수 없어요.

로힝야족 학살은 나치 정부가 유대인에게 저지른 범죄와 비슷해요. 한 민족을 혐오해서 자기 땅에서 내쫓고 모두 죽이려고 한 것이니까요. 더 힘이 있는 민족이 혐오하는 민족을 짓밟아도 된다는 생각이 얼마나 끔찍한 사건으로 이어지는지 다시 한번 보여 주었어요.

누군가가 차별과 혐오를 받는 세상에서는 누구도 안전하고 행복하게 살 수 없어요. 서로 공격하며 목숨까지 위협하는 일이 생기니까요. 그래서 많은 세계 시민이 더 이상 불행한 일이 생기지 않도록 계속해서 지켜보아야 해요. 그래야 차별받고, 이유 없이 미움을 받아 자기가 살던 땅에서 쫓겨나거나 목숨이 위험해지는 일이 줄어들 테니까요. 차별과 혐오 없는 세상이 되어야 평화에 더 가까워질 수 있어요.

여자는 불결하다고요?

2019년 1월 1일 인도의 케랄라주에서는 여성 300만 명이 620킬로미터의 인간 띠를 만드는 시위를 했어요. 서울에서 부산까지가 450킬로미터쯤 되니까 얼마나 긴지 상상이 되나요? 여성들은 힌두교 성지로 유명한 사바리말라 사원에 들어가지 못하게 하는 것에 항의하고 있었어요. 많은 남성도 시위를 지지했어요.

사바리말라 사원은 해마다 수백만 명이 찾는 아주 유명한 힌두교 사원이에요. 그런데 열 살부터 쉰 살 사이 여성은 사원에 들어갈 수도 예배에 참여할 수도 없어요. 생리를 하는 나이여서 불결하다는 것이 이유예요. 인도의 많은 힌두교 사원이 아직도 여성이 생리할 때에는 사원에 들어가지 못하게 하지요.

사바리말라 사원은 한술 더 떠서 생리를 하는 나이대 모든 여성의 출입을 금지한 거예요. 여성들은 모여 이런 차별에 항의하는 소송을 진행했어요. 2018년 9월 28일 인도 대법원은 "남자든 여자든 평등하게 종교 행위를 할 권리가 있다."라고

판결했어요. 여성의 사원 출입을 금지하면 안 된다는 걸 법적으로 분명하게 정한 거예요. 그렇지만 사원은 계속 판결을 따르지 않았고 참다 못한 여성들이 시위를 하게 된 거죠. 시위 다음 날, 서른아홉 살 여성과 마흔 살 여성이 경찰의 보호를 받으며 역사상 처음으로 사바리말라 사원에 들어갔어요. 사바리말라 사원을 지지하던 남성들은 분노했고 거리로 나와 폭력 시위를 벌였어요. 80대가 넘는 버스를 부수고 700명 이상이 체포됐어요. 경찰도 60명 이상이 부상을 입었어요.

여성들은 평화롭게 시위를 했지만 차별을 주도한 남성들은 폭력으로 답했어요. 자기들이 얼마나 화가 났고 힘이 있는지 보여 주려는 것처럼요. 물론 여성 중에도 이 전통을 지켜야 한다고 생각하는 사람들이 많아요. 오래된 차별을 없애는 건 어렵고 시간이 오래 걸려요. 그렇지만 지속적으로 노력한다면 모든 인도 여성들이 사바리말라 사원에 자유롭게 들어갈 수 있는 날이 반드시 올 거예요.

목소리를 빼앗긴 사람들

부당한 대우를 받을 때 사람들은 항의를 해요.

당연한 일이지요.

그런데 부당한 대우를 받아도 항의하지 못하는 사람들이 있어요.

일자리를 지켜야 해서, 잘 알지 못해서,

또는 아무런 힘이 없어서 말하지 못하는 경우예요.

바로 목소리를 빼앗긴 사람들이에요.

자기 잘못이 아닌 일로 부당한 대우를 받고 삶이 다 망가져도

그냥 계속 그렇게 살아야 할까요?

사회에서 소외된 사람들이

어떻게 목소리를 되찾을 수 있을까요?

무조건 사과부터 해야 하는 사람들

2015년 1월 한 백화점 지하 주차장에서 일어난 일이 화제가 되었어요. 엄마와 딸로 보이는 두 사람이 백화점 주차 요원의 무릎을 꿇게 했기 때문이에요. 두 사람은 한 층 더 내려가 주차하라는 젊은 주차 요원에게 화를 내며 사과를 강요하고 따귀까지 때렸어요. 고객인 자신들을 불편하게 했다는 이유로요.

그해 10월에도 비슷한 영상 때문에 온 나라가 시끄러웠어요. 영상에는 다리를 꼬고 의자에 앉아 훈계하는 사람에게 두 명의 여성이 무

릎을 꿇고 고개 숙여 사과하는 모습이 담겨 있었어요. 무릎을 꿇은 사람들은 한 백화점 귀금속 매장에서 일하는 사람들이고 의자에 앉은 사람은 손님이었어요. 그 손님은 거기서 산 귀금속을 공짜로 수리해 달라고 했고, 직원은 원칙 때문에 그럴 수 없다고 했어요. 그러자 손님은 화를 내며 소리를 질렀고 결국 직원들이 무릎을 꿇고 사과한 거예요.

백화점 직원들은 왜 무릎을 꿇고 사과를 했을까요? 진실이 무엇인지, 직원들이 얼마나 억울한지는 따지지 않고 오로지 이익만 생각하며 무조건 손님 편을 드는 백화점의 잘못된 원칙 때문이에요. 그래서

손님이 분명히 잘못했고 직원이 아무런 잘못을 하지 않았어도 사과를 하는 경우가 생기지요. 그리고 손님이 억지를 써도 손님과 말다툼을 하면 직원들은 크게 꾸지람을 받고 일자리를 잃을 수도 있어요. 너무 억울해도 사과를 할 수밖에 없는 이유예요.

식당, 커피숍, 패스트푸드점, 놀이공원 같은 서비스 업종일수록 이런 일들이 빈번하게 일어나요. 손님이 상식에 맞지 않게 기분에 따라 따지고 트집을 잡더라도 손님의 화가 풀릴 때까지 사과하라고 강요하는 회사도 있어요. 일하는 사람이 잘못을 했는지 안 했는지는 중요하지 않아요. 회사에서는 '손님은 왕'이라는 말을 내세우며 손님이 원하는 것은 뭐든지 해 줘야 한다고 하지만, 일하는 사람에게 그럴 의무가 있을까요? 손님은 왕처럼 대우를 받을 권리가 있는 것일까요?

손님의 권리는 돈을 낸 만큼 물건을 사고 서비스를 받는 거예요. 물론 물건에 문제가 있고 서비스가 좋지 않다고 생각하면 항의를 할 수 있어요. 그렇지만 그것은 상대를 존중하고 공격하지 않는 방법으로 해야 해요. 손님은 돈을 내고 물건과 서비스를 사는 것이지 일하는 사람을 맘대로 무시하고 공격하는 자격을 사는 것이 아니니까요.

일하는 사람은 손님을 왕처럼 대할 의무가 없어요. 손님에게 물건을 팔고 정해진 만큼만 서비스를 해 주면 돼요. 거기에는 욕을 듣고, 이유 없이 화내는 것을 참고, 맞고, 무조건 사과를 해야 하는 것은 포함돼 있지 않아요. 주차 요원은 손님 차를 친절하게 안내하면 되고, 백화점 직원은 원칙에 따라 손님에게 서비스를 받을 수 있는 것과 없는 것을 설명하면 돼요.

가장 중요한 것은 누구도 다른 사람에게 폭력을 쓸 권리는 없다는 거예요. 앞에서 한 이야기에는 두 가지의 폭력이 있어요. 하나는 손님의 폭력이고, 다른 하나는 회사의 보이지 않는 폭력이에요. 손님은 백화점에 자주 다니고 물건을 많이 산다는 것을 힘으로 내세워 일하는 사람들에게 자신을 왕처럼 모시라고 강요했어요. 무릎을 꿇리고 뺨을 때리는 것은 두말할 필요도 없는 폭력이에요. 자기 화를 풀기 위해 일하는 사람들에게 욕을 하고 사과를 강요한 것 역시 폭력이에요.

회사의 보이지 않는 폭력은 사실 더 심각해요. 일하는 사람들에게 인간으로서 존중받을 권리를 포기하라고 강요하고, 그렇지 않으면 일자리를 잃을 수 있다고 협박을 한 것이니까요.

일하는 사람은 노예가 아니에요. 자신의 힘과 시간을 들여 노동을 하는 노동자이지, 인권과 자존감까지 잃어야 하는 건 아니에요. 무조건 복종하고 인권까지 포기하라고 강요하는 것은 빨리 사라져야 하는 폭력이에요.

돈은 다 어디로 갔을까요?

아미타브 바찬은 인도에서 유명한 배우 중 한 명이에요. 그는 2018년 11월 자기 돈으로 농민들의 빚을 갚아 주어 더욱 유명해졌답니다. 아미타브 바찬은 6억 4,300만 원을 들여서 고향인 인도 우타르프라데시주에 사는 농민 1,398명의 은행 대출 빚을 갚아 줬어요. 그는 "내 작은 도움이 어려움에 처한 농민들을 도울 수 있길 바란다."라고 말했어요.

왜 아미타브 바찬은 대신 빚을 갚아 주기로 했을까요? 지난 수십 년 동안 가뭄이 갈수록 심해지고 지하수가 말라서 농민들은 제대로 농사를 지을 수 없었어요. 어떤 때는 갑자기 비가 너무 많이 오기도 했어요. 농민들은 씨앗과 농약을 사고 생활을 하기 위해 빌린 돈을 갚을 수가 없었어요. 앞으로도 빚을 갚을 수 있을지 가늠할 수 없을 만큼 삶이 막막하기만 했지요. 그래서 결국 농민들은 스스로 목숨을 끊는 선택을 했어요. 1995년 이후 30만 명 이상의 농민이 스스로 목숨을 끊었어요. 2016년 한 해만 1만 1,370명이 안타깝게 죽음을 선택했어요.

　인도는 세계에서 빠르게 경제가 발전하고 있는 나라 중 하나예요. 2030년에는 세계 2위의 경제 대국이 될 거라고 예측하기도 해요. 반면에 오랫동안 세계에서 가난한 사람들의 비율이 가장 많은 나라이기도 했어요. 이제 1위는 다른 나라에 물려줬지만 여전히 경제적으로 어려움을 겪는 사람들이 전체 인구의 20퍼센트가 넘어요. 이 비율은 앞으로도 쉽게 줄어들지 않을 거라고 전문가들은 예상하고 있어요.

그만큼 국민들 사이에 경제적인 격차가 크다는 이야기예요.

문제는 나라가 발전하고 돈이 많아져도 가난한 사람들은 계속 살기 어렵거나 더 어려워진다는 거예요. 가난한 사람과 부자의 차이가 계속 커지기만 하면 사회적으로 문제가 돼요. 이런 현상을 '소득 불평등' 또는 '경제 불평등'이라고 해요. 지금 세계 많은 나라에 닥친 가장 큰 문제 중 하나이지요. 인도만의 문제는 아니랍니다.

경제 협력 개발 기구(OECD)는 36개 선진국이 회원으로 가입해 있는 국제기구예요. 회원국들은 비교적 잘사는 나라들인데도 불구하고 소득 불평등이 심한 경우가 많아요.

그 차이를 자세히 알기 위해 먼저 사람들의 수입을 1등에서 100등까지로 나누지요. 그런 후 비교하면 1등부터 10등까지 사람들의 수입과 91등부터 100등까지 사람들의 수입 차이가 매우 크다는 걸 알 수 있어요. 무려 아홉 배 이상 차이가 나니까요. 부자인 사람이 한 달에 900만 원 이상의 돈을 벌 때 가난한 사람은 한 달에 100만 원이나 그보다 적은 돈을 번다는 얘기예요.

우리나라도 경제 협력 개발 기구의 회원이지만 부자인 사람들과 가난한 사람들의 차이는 매우 커요. 2018년 말에 조사해 보니 13.5배나 차이가 났어요. 수입이 1등에서 10등 사이인 사람들은 한 달에 보통 1,180만 원 이상을 벌었어요. 그런데 수입이 91등에서 100등 사이인 사람들은 한 달에 평균 85만 7,400원 정도밖에 벌지 못했어요. 한 달에 1,100만 원 넘게 버는 사람은 넉넉하게 살 수 있어요. 그러나 85만 원을 버는 사람은 힘들게 살 수밖에 없어요. 또 1,100만 원을 넘게 버는 사람은 저축이나 투자를 해서 더 부자가 될 수 있지만 85만 원을 버는 사람은 빠듯하게 생활하거나 빚을 질 수밖에 없겠지요.

　또 다른 통계를 보면 소득 불평등이 어떤 결과를 안겨 주는지 알 수 있어요. 2018년 말에 보니 1등에서 10등 사이의 수입은 2017년보다 9.02퍼센트 늘었어요. 그러나 91등에서 100등 사이의 수입은 11.3퍼센트나 줄었어요. 부자는 더 부자가 됐지만 가난한 사람은 더 가난해진 거지요.
우리나라의 소득 불평등은 갈수록 심해지고 있어요. 경제적으로 계속 발전하고 있지

만 가난한 사람들의 생활은 나아지지 않는다는 뜻이지요.

　간혹 가난한 사람은 일을 조금만 하니까 돈을 조금 버는 것이라고 잘못 생각하는 사람들이 있어요. 앞으로는 일을 많이 해서 돈을 많이 벌면 문제가 해결될 거라고 이야기하기도 해요. 현실적으로는 그렇지가 않아요. 가난한 사람은 일을 조금 하거나 게을러서 수입이 적은 것이 아니에요. 물가는 높은데 임금이 너무 낮으니까 수입이 적고 쓸 돈이 부족한 거예요. 열심히 일해도 충분히 대가를 받지 못하니까요.

　또 인도의 경우처럼 정부가 제대로 일을 하지 않기 때문에 소득 불평등이 더 심해지기도 해요. 가뭄 때문에 농사를 망치고 빚을 갚을 수 없는데도 정부는 가뭄에 강한 품종을 열심히 개발하지도 않고 농부들이 계속 농사를 지을 수 있도록 빚을 줄여 주지도 않아요. 자연재해 때문에 농사를 망치기 시작한 지가 오래됐고 빚 때문에 자살하는 농부들이 늘어가는데도 정부가 해결 방법을 제대로 만들지 않고 있는 것이지요. 정부는 자살하는 농부보다 공장을 짓고 물건을 만들어 파는 데 더 집중했다가 문제를 키웠어요.

　인도에서도, 한국에서도, 그리고 세계 곳곳에서 살기 힘든 사람들이 계속해서 도와달라며 소리치고 있어요. 그렇지만 그 목소리가 제대로 전달되지 않고 있어요. 오히려 가난한 사람들의 목소리를 무시하고 빼앗아서 아예 들리지 못하게 막아 버리기도 해요.

댐이 무너진 마을

 2018년 7월 23일 라오스의 아타프주에서 댐이 무너졌어요. 순식간에 어마어마하게 많은 양의 물이 마을을 덮쳤어요. 상암 월드컵 경기장을 120번쯤 채울 수 있는 5억 톤의 물이 한꺼번에 쏟아졌어요. 상상하기도 힘든 일이지요. 사람들은 지붕이나 나무 위로 올라가 피신했어요. 떠내려가는 물건을 잡고 버텨 겨우 목숨을 건진 사람들도 있었어요. 열아홉 개 마을이 한순간에 물과 진흙에 휩쓸렸어요. 많은 사람이 죽고 이재민(재해를 입은 사람)이 됐어요.

 라오스에서 일어난 댐 사고는 우리나라 사람들의 이목을 더욱 집중시켰어요. 그 댐을 한국 회사가 만들었고 주변 댐까지 합쳐서 여러 댐을 만드는 사업에 한국의 개발 원조 자금이 들어갔다는 소식 때문이었어요. 개발 원조 자금은 개발이 필요하지만 돈이 부족한 나라에게 우리나라가 아주 싼 이자로 빌려주는 돈이에요. 댐 건설은 라오스 정부와 태국의 한 회사도 같이 한 사업이었어요. 그렇지만 우리나라 정부와 회사가 누구보다 큰 책임을 져야 하는 사고였어요.

 게다가 댐을 짓고 관리하는 한국 회사가 사고가 있기 며칠 전에 이미 댐에 문제가 있다는 것을 알고 있었다고 해요. 댐이 갈라져서 조금씩 물이 새고 있었다는 거예요. 그런데도 회사는 주변에 사는 사람들에게 알리지 않고 대피도 시키지 않았어요. 댐을 고치는 일도 하지 않았어요. 회사는 비가 많이 왔기 때문이라고만 변명을 할 뿐이었지요.

사고 때문에 많은 사람이 죽고 피해를 입었어요. 하지만 라오스 정부는 사망자나 실종자, 이재민 등 피해 사실조차 제대로 파악하지 못

해 복구하는 데에도 문제가 발생할 수밖에 없었어요. 이 사고는 자연재해 때문이 아니라 문제가 생긴 댐을 빨리 고치지 않아서 벌어진 일이었어요. 댐이 갈라진 걸 알았을 때 빨리 주민들을 대피시켰다면 적어도 인명 피해는 줄었을 거예요. 주변에 사는 주민들이 댐 건설에 대해 잘 알지 못했다는 것도 큰 문제로 꼽혔어요. 심지어 사고가 난 이

후에야 댐이 있었다는 것을 안 사람들도 있었어요. 댐을 지을 때 정부와 건설사들은 주민들과 상의를 하지도 않았고, 지은 후에도 주민들과 주변 환경에 어떤 영향이 미칠지 생각하지 않은 거예요.

이재민이 된 주민들은 살 길이 막막해졌어요. 농사를 지을 수도 없

고 임시로 살고 있는 곳에서는 일자리를 구할 수도 없으니까요. 학교가 없어져서 아이들은 공부를 할 수 없게 됐어요. 마을이 완전히 복구될 때까지 얼마나 걸릴지 알 수가 없어요. 하루아침에 가족, 집, 재산을 모두 잃어버린 주민들은 어떻게 살지 앞이 막막해졌어요. 라오스 정부도 한국 회사도 사건의 원인이나 대책에 대해 정확하게 알려 주

지 않아요. 그러니 제대로 항의를 할 수도 없어요.

비슷한 일은 다른 나라에서도 찾을 수 있어요. 나이지리아는 아프리카 서쪽에 있는 나라예요. 이 나라의 나이저 델타(Niger Delta) 지역은 원유가 아주 많이 나오는 곳이에요. 원유는 곧 돈이라 '검은 금'으로 불리기도 해요. 1957년 이곳에서 원유가 발견된 이후 나이지리아는 원유 수출로 돈을 버는 나라가 됐어요. 외국의 큰 회사들이 이곳에서 원유를 생산해요.

하지만 이 지역에 사는 주민들은 원유로 얻는 혜택은 보지 못하고 피해만 입고 있어요. 원유를 뽑을 때 나오는 가스는 일 년 내내 시커먼 연기를 내요. 일 년에 수백 건씩 원유가 새는 사고도 생겨요. 땅과 강은 모두 기름으로 오염돼 검게 변했어요. 주민들은 오염된 물과 생선을 먹어서 건강이 나빠졌어요. 농사도 지을 수 없고 물고기도 잡을 수 없어서 생계도 어려워졌어요. 수십 년 동안 주민들이 나이지리아 정부와 외국 회사들에게 호소했지만 크게 달라진 것이 없었어요. 주민들은 자기 땅에서 나는 자원을 모두 뺏기고 오히려 피해만 입었어요.

인도네시아는 세계에서 넓고 좋은 열대 우림을 가지고 있는 나라 중 하나예요. 울창하던 인도네시아의 숲은 계속 파괴되고 있어요. 목재를 얻기 위해 마구 나무를 베고 야자유 생산을 위해 숲을 불질러 야

자수를 심는 일이 많아졌기 때문이에요.

　인도네시아 정부는 1967년부터 대부분의 열대 우림을 국가가 마음대로 할 수 있는 국유림으로 만들었어요. 그러고는 돈을 벌기 위해 숲을 이용할 수 있는 권리를 외국 회사들에게 팔았어요. 외국 회사들은 아름드리나무를 베어 목재를 만들고 야자유 생산을 위한 농장을 만들었어요. 인도네시아 회사들도 이익만 생각하며 숲을 파괴했어요. 건물을 짓거나 가구를 만드는 데 사용하는 목재와 과자나 빵, 화장품을 만드는 데 쓰이는 야자유를 전 세계에 팔기 위해서예요.

열대 우림이 계속 줄면서 숲에 살던 동물과 식물은 멸종 위험에 처했어요. 수백 년 넘게 숲에 살던 많은 원주민 부족들 역시 삶의 터전을 잃었어요. 숲에서 살고 생활에 필요한 모든 것을 숲에서 얻어 왔으니까요.

원주민들은 수십 년 동안 숲을 파괴하는 일에 항의했어요. 숲을 보존하고 자신들이 숲에서 살 권리를 인정해 달라고 호소했어요. 그렇지만 정부와 회사들은 원주민들의 목소리를 모두 외면했어요. 숲이 계속해서 사라져 피해를 겪고 있는 인도네시아 원주민들의 목소리를 들어 줄 사람은 어디에 있을까요?

목소리를 찾아 주는 사람이 필요해요

앞에서 이야기한 사례들에는 공통점이 있어요. 자기 잘못이 아닌 일 때문에 피해를 입고 삶이 모두 무너져 버렸다는 거예요. 손님에게 억지로 사과를 한 백화점 직원들, 빚 때문에 자살을 한 인도의 농민들, 댐이 무너져 하루아침에 모든 것을 잃어버린 라오스 사람들, 그리고 나이지리아와 인도네시아 사람들 모두 억울한 상황이에요. 그런데도 소리를 크게 내 항의할 수 없어요. 목소리를 내도 무시당해요. 왜 그런 일이 생길까요?

 이유를 알기 위해서는 그 사람들을 무시하고 피해를 준 사람들을 살펴봐야 해요. 바로 큰 회사와 정부에 있는 높은 사람들, 그리고 그들의 지시를 받아 일하는 사람들이에요. 그들은 자기들이 결정한 일이 많은 사람에게 어떤 영향을 끼치는지 살펴봐야 해요. 혹시 억울한 사람들을 만들고 있는 것은 아닌지 관심을 가져야 해요. 하지만 관심이 없었어요. 물어보지도 않고 들어 보려고 하지도 않았어요. 자기가 더 힘이 있다는 것을 알고 원하는 것을 얻기 위해 그 힘을 쓸 수 있다고 생각했어요. 다른 사람들이 피해를 입어도 말이에요.

 자기 잘못이 아닌 일 때문에 피해를 입는 사람들은 폭력의 피해자예요. 그들에게 일어난 일은 우연이 아니라 다른 사람이 피해를 입든 말든 자기 이익에만 관심이 있는 사람들 때문에 생긴 것이에요. 자기보다 힘이 없는 사람에게 폭력을 쓰는 사람, 바로 가해자가 만든 일이지요. 그렇지만 힘이 있는 사람이 무조건 폭력을 가하는 것은 아니에요. 힘을 좋게 이용하는 사람도 많아요. 폭력이 생기는 이유는 힘을 더 가진 사람이 그 힘을 나쁘게 써서 자기가 원하는 것을 얻으려고 하기 때문이에요. 힘이 없는 사람에게 피해를 입히면서 말이죠.

 폭력의 피해를 입지 않으려면 힘이 더 있는 사람이 자기 맘대로 하지 못하게 할 수 있어야 해요. 그런데 힘이 없고 무시당하기 때문에 스스로 그렇게 하기 힘든 피해자들이 많아요. 그래서 필요한 것이 바로 주변 사람들의 도움이에요.

손님에게 폭행을 당하고 억지로 사과를 한 직원들의 얘기는 주변에 있는 다른 손님들이 세상에 알렸어요. 빚 때문에 자살한 인도 농부들의 얘기는 많은 기자와 시민 단체가 인도 사람들과 세계 시민들에게 알렸어요. 한국의 언론과 시민 단체들은 댐 때문에 피해를 본 라오스 사람들의 이야기를 계속 알리고 있어요. 세계 시민 단체들은 수십 년 동안 원유 회사들 때문에 삶이 망가진 나이지리아 사람들의 이야기, 그리고 숲이 없어져 살 길이 막막해진 인도네시아 원주민들의 이야기를 세계 시민들에게 전하고 있어요.

많은 세계 시민들이 이 모든 이야기를 듣고 피해를 입은 사람들에게 지지를 보내고 있어요. 그래서 여러 회사와 정부가 세계 시민들의 눈치를 보게 됐어요. 그렇다고 문제가 해결된 것은 아니지만 아주 조금씩 나아지고는 있어요.

사람들이 알지 못하는 곳에서 일어나는 일들, 특히 자신의 목소리를 낼 수 없고, 목소리를 내도 금방 빼앗겨 버리는 사람들을 대신해서 세상에 알릴 사람들이 아주 많이 필요해요. 또 피해를 입은 사람들에게 지속적으로 관심을 가지고 어떤 일이 있었는지 물어야 해요.
그래야 목소리를 빼앗긴 사람들이 자기 목소리를 찾을 수 있어요. 그리고 세상에서 일어나는 폭력을 줄이고 평화로운 세상을 만들 수 있어요.

꼬마 시민 카페

인도 주민들의 목소리를 들어 준 사람들

2006년에 우리나라 한 대기업과 인도 북부에 있는 오디샤주 정부가 그곳에 제철소를 짓기로 협력하는 서류에 서명했어요. 소식이 알려지자 주민들은 크게 저항했어요.

공장을 지으려면 많은 땅을 사들여야 하는데 그곳에 거주하는 주민들한테는 미리 알리지도 않고 일을 결정했기 때문이에요. 이제 주민들은 살던 곳에서 쫓겨나고 농사도 지을 수 없게 되면 생계가 막막해질 상황이었어요.

한국 회사와 인도 정부는 크게 보상을 해 주겠다고 주민들을 설득했어요. 그러자 보상금을 받고 땅을 내주겠다는 사람들과 그럴 수 없다는 사람들 사이에 싸움이 생겼어요. 서로 협박과 폭행을 하다가 사고로 사람이 죽는 일까지 생겼어요.

몇 년이 지나도 주민들은 계속 저항했고 한국 회사와 인도 정부는 공장 지을 땅을 마련할 수가 없었어요. 주민들도 계속 서로 싸웠어요. 주민들은 한국 회사가 공장 건설 계획을 취소해야 한다며 유엔과 국제 시민 단체에 도움을 청했어요.

한국의 시민 단체들이 주민들의 목소리를 전했지만 우리 사회도 정부도

별로 관심을 보이지 않았어요. 2014년 6월 한 종교 단체가 다시 현장 조사를 하기로 하고 조사단을 인도로 보냈어요.

조사단은 주민들을 만나고 한국 회사 사람들도 만나고, 현장 방문도 했어요.

주민들이 원하는 것, 주민들 사이 싸움이 생긴 원인, 그리고 한국 회사와 주민들의 갈등에 대해서 들었어요. 조사단은 돌아와서 보고서를 만들어 한국 회사, 인도 정부와 오디샤주 정부, 한국 정부, 그리고 국제 사회에 알렸어요.

보고서에는 주민들의 목소리를 듣고 안전, 인권, 생활을 보장해 주어야 한다는 내용이 담겨 있었어요. 종교 단체의 조사단이 한 일은 바로 주민들의 목소리를 찾아 주는 것이었어요.

04 폭력에 희생되는 여성들

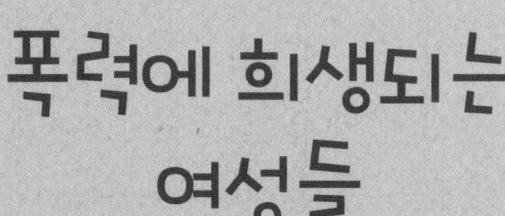

여성에 대한 차별은 아주 오래된 일이에요.
이제는 많은 나라에서 차별이 사라지거나 줄었어요.
그렇지만 여전히 여성이라는 이유로
차별과 폭력에 희생되는 경우가 많아요.
전통 때문에 자유를 빼앗기고,
학교에 갔다는 이유로 납치를 당하기도 해요.
집안을 위해 노예로 팔려 가기도 하고,
전통을 지키려다 목숨을 잃기도 해요.
함께 평화롭고 행복하게 살기 위해서는
세상의 절반인 여성에 대한 폭력이 사라져야 해요.

전통이라고요?

사우디아라비아 여성인 라하프 모하메드 알쿠눈은 2019년 1월 5일 가족들과 함께 쿠웨이트를 여행하던 중에 홀로 도망쳤어요. 가족들이 열여덟 살밖에 안 된 알쿠눈에게 강제 결혼을 시키려고 했기 때문이에요. 알쿠눈은 힘들게 태국 방콕 공항에 도착했지만 태국 정부는 입국을 허락하지 않았어요. 잡히지 않기 위해 공항 안 호텔 방에 들어간 알쿠눈은 문을 잠그고 트위터로 전 세계에 구조 요청을 했어요.

알쿠눈은 잡히면 가족들이 자신을 죽일 거라고 생각했어요. 오빠는 알쿠눈을 자주 심하게 때렸어요. 머리를 짧게 잘랐더니 아버지는 알쿠눈을 방 안에 6개월 동안 가둔 적도 있어요. 알쿠눈에게 가족들은 공포의 대상이었어요. 알쿠눈은 호텔 방에서 구조를 요청하고 안전한 다른 나라에서 살게 해 달라고 망명 신청을 했어요. 알쿠눈의 소식은 친구들과 지지자들을 통해 전 세계로 알려졌어요. 유엔 난민국은 알쿠눈을 난민으로 인정했고, 마침내 캐나다에서 알쿠눈을 받아들이기로 했어요. 알쿠

눈은 일주일 후에 무사히 캐나다 토론토에 도착했어요.

사우디아라비아에서는 여성들이 자유롭게 살 수가 없어요. 여성은 가족이 정해 주는 사람과 결혼을 해야 하고 여행할 때는 반드시 남성 보호자와 함께 가야 해요. 가족의 명예를 더럽히고 수치심을 줬다는 이유로 가족들에게 살해될 수도 있어요. 이것을 '명예 살인'이라고 불러요. 남자 친구를 사귀거나, 중매 결혼을 거부하거나, 이혼이나 별거를 하거나, 심지어 강간의 피해자가 돼도 여성은 명예 살인을 당할 수 있어요. 사우디아라비아뿐만 아니라 이슬람을 믿는 많은 나라에서 전통이라는 이유로 이런 일이 벌어지고 있어요. 알쿠눈도 그런 전통 때문에 무서워했던 거예요.

2019년 1월 10일 네팔에서는 슬픈 소식이 전해졌어요. 한 여성이 열두 살, 아홉 살 된 두 아들과 함께 오두막에서 연기에 질식해 죽었다는 소식이었어요.

세 명을 죽게 만든 것은 '차우파디'라는 전통이었어요. 차우파디는 생리를 하는 여성을 작은 오두막 같은 곳으로 내쫓는 것을 말해요. 많은 네팔 사람이 아직도 생리를 하는 여성은 불순하고 더럽기 때문에 나쁜 운을 가져온다고 생각해요. 생리를 하는 여성은 집에 있는 음식과 물건을 만질 수 없고, 화장실이나 욕실을 사용할 수도 없어요. 죽은 여성도 그 전통을 따라 오두막에 들어갔고 어린 아들 두 명도 엄마를 따라갔던 것이지요. 그들은 날씨가 너무 추워서 불을 피웠다가 연기에 질식한 거예요.

생리하는 여성들이 쫓겨나 지내는 오두막은 축사처럼 아주 허술하고 문도 없는 경우가 흔해요. 그래서 뱀에 물려 죽기도 하고 범죄자의 공격을 받기도 해요. 차우파디는 2017년에 법으로 금지됐지만 아직도 네팔의 일부 지역에서는 계속되고 있어요. 전통이니까 무조건 지켜야 한다고 생각하는 사람들이 많기 때문이지요.

아프리카 카메룬에 사는 열일곱 살 라마나는 열다섯 살에 강제로 결혼을 했어요. 카메룬에서는 너무나 흔한 일이에요. 십대 여자아이

중 3분의 1이 열여덟 살이 되기 전에 결혼을 하니까요. 결혼을 한 후 라마나는 더 이상 학교에 갈 수 없었어요. 라마나는 남편에게 성폭력을 당했고 수시로 맞았어요. 우울증이 생겨서 자살하려고도 했어요. 그러나 라마나의 아버지는 라마나가 남편과 헤어지는 걸 반대했어요. 가족의 명예를 위해 라마나가 계속 남편과 살아야 한다고 생각했기 때문이에요.

어느 날 라마나는 너무 많이 맞아 견딜 수가 없었어요. 다음 날 새벽 몰래 짐을 싸서 집을 나온 라마나는 여성을 돕는 단체로 도망쳐 도움을 요청했어요. 결국 아버지도 라마나의 뜻을 받아들였어요. 라마나는 힘겨운 과정을 거쳐 가족들과 안전하게 살면서 다시 학교도 다닐 수 있게 됐어요.

어린 나이에 결혼한 많은 '어린 신부'가 매일 온갖 폭력에 시달리면서 살고 있어요. 전 세계에는 약 7억 명 정도의 어린 신부가 있다고 해요. 그중 3분의 1이, 그러니까

2억 3천만 명 정도는 열다섯 살 이전에 결혼을 해요. 인도에는 특히 어린 신부들이 많아서 1천만 명이 넘는다고 해요. 방글라데시, 나이지리아, 브라질 등에도 이런 전통으로 생긴 피해 어린이가 많아요.

왜 이런 일이 생기는 것일까요? 어린 나이에 결혼을 시키는 '조혼' 전통이 남아 있기 때문이에요. 안전을 이유로 강제로 결혼시키기도 하고, 빚 때문에 팔려 가기도 해요. 가족들은 전통이니까 아무 문제가 없다고 생각하기도 하지요.

어린 여자아이들은 보통 자기보다 나이가 훨씬 많은 아저씨와 결혼을 해요. 나이 차이가 두 배 이상 되는 경우도 아주 흔해요. 어린 신부는 노예처럼 집안일을 하고 남편의 폭행에 시달리는 일이 많아요. 문제는 폭력이 반복되다 보니 자존감과 자신감이 부족해져 남편에게 무조건 복종해야 하고 남편의 폭행도 당연하다고 생각하는 경우가 많다는 거예요. 어린 여자아이들은 몸이 다 자라기도 전에 임신을 해서 아이를 낳다 죽는 경우도 많아요.

나라에 따라 조혼은 불법이기도 하고 아니기도 해요. 그렇지만 불법인 나라에서도 처벌이 제대로 이뤄지지 않아서 여전히 강제로 결혼하는 어린 신부들이 많아요.

납치된 여자아이들

2014년 4월 나이지리아 동북부에 있는 한 학교에서 여학생들이 납치됐어요. 당시 학교에는 기말 시험을 보기 위해 다른 지역에서 온 여학생들도 있었어요. 여학생들을 납치한 것은 '보코 하람'이라는 이슬람 무장 집단이었어요. 총을 든 무장 집단은 순식간에 자고 있던 여학생들을 공격해서 차에 태웠어요. 수십 명이 도망쳤지만 결국 219명의 여학생이 잡혀갔어요.

'보코 하람'은 '서양 교육은 죄'라는 뜻이라고 해요. 이 무장 집단은 서양식 교육과 여자아이들이 교육받는 것을 반대해요. 그래서 자기네 뜻을 알리려고 여자아이들을 납치한 것이지요.

2016년에 나이지리아 정부의 협상으로 21명이 가까스로 풀려났어요. 대신 나이지리아 정부가 보코 하람 죄수들을 석방했다고 해요. 2017년에도 국제 적십자사의 도움으로 82명이 풀려났어요. 두 명은 2016년과 2017년에 가까스로 탈출했어요. 그렇지만 100명이 훨씬 넘는 여학생들이 아직도 잡혀 있어요. 그중 일부는 이미 죽은 것으로 알려졌어요.

보코 하람은 여학생들을 계속 납치했어요. 2018년 2월에도 수십 명의 여학생을 납치했다가 한 달이 지난 후에 풀어 줬어요. 나이지리아 정부가 돈을 줬기 때문이에요. 하지만 몇 명은 죽어서 돌아오지 못했어요. 보코 하람은 납치됐던 여학생들을 풀어 주면서 부모들에게 다시는 학교에 보내지 말라고 경고했어요.

보코 하람은 서양 교육과 여성 교육에 반대하기 때문에 납치를 한다고 주장하지만 사실 다른 목적을 가지고 있어요. 여자아이들을 잡

아다가 강제로 결혼을 시키고 일을 시키기 위해서지요. 또 정부와 협상해 돈을 받고, 잡힌 보코 하람 죄수들과 교환하기 위해서 범죄를 저지르기도 해요.

'이슬람 국가'라는 뜻을 가진 IS는 무섭고 잔인한 무장 집단으로 알려져 있어요. 중동에 있는 이라크 북부를 장악한 IS는 2014년 6월에

그곳에 살고 있던 야지디족을 공격했어요. 이슬람을 믿지 않는다는 이유로 야지디족을 모두 없애 버리려고 했지요. IS는 6천 명이 넘는 여성과 아이들을 납치했어요. 그후 IS는 이라크 북부에서 후퇴했지만 납치된 사람 중 반 이상이 아직도 행방불명이에요.

IS는 납치한 여성들을 데려다 어떻게 했을까요? 이삼 년 뒤에 구출되거나 탈출한 여성들은 끔찍한 일들을 겪었다고 증언했어요. 여성들의 모습은 참혹했어요. 너무 많이 맞아서 팔과 다리가 부러지거나 병에 걸린 경우도 있었고 죽은 경우도 많았어요. 살아남은 여성들은 IS 대원들의 성노예가 되기도 하고 팔려 가기도 했어요. 끔찍한 일을 겪은 여성들은 돌아와서도 마음의 상처를 회복하지 못했어요. 열여섯 살 수하일라는 IS 대원이 공습을 당하는 틈에 간신히 탈출했어요. 납치된 지 3년 만이었어요. 수하일라는 수도 없이 강간을 당했어요. 집에 돌아왔지만 그동안 받은 충격이 너무 커서 아무것도 하지 못했어요. 그저 죽은 사람처럼 침대에 누워 있기만 했어요.

보통 전쟁이 나면 직접 전쟁터에 나가는 남성이 피해를 입는다고 생각해요. 하지만 수많은 여성도 전쟁 때문에 피해를 입어요. 단지 여성이라는 이유로 성폭력의 피해자가 되기도 해요. 지금도 많은 여성이 그런 끔찍한 폭력을 당하고 있어요.

'현대판 노예'가 된 여성들

조선 시대에는 노비가 있었어요. 노비는 사람이지만 사람 취급을 받지 못했어요. 주인이 온갖 나쁜 짓을 해도 항의할 수 없었어요. 미국에도 19세기 중반까지 흑인 노예가 있었어요. 사람으로 존중받지 못하고 집 안과 농장에서 뼈가 부서질 정도로 일해야 했어요. 그들은 주인의 재산이기 때문에 일을 해도 돈을 받지 못했고 항상 배고프게 지내야 했어요. 당시에는 신분 제도가 있었기 때문에 노비와 노예를 가지는 것을 법으로 인정했어요. 그러나 이제는 신분 제도가 사라진 지 오래되어 누구도 다른 사람을 노비나 노예로 대할 수 없어요. 그런데 지금도 옛날 노비나 노예처럼 사는 사람들이 있어요. 이런 사람을 '현대판 노예'라고 불러요.

현대판 노예를 만드는 가장 심각한 범죄는 '인신매매'예요. 인신매매는 사람을 물건처럼 사고파는 것을 말해요. 인신매매를 하는 사람들은 좋은 일자리를 찾아 준다고 사람들을 속여서 노예처럼 부리는 사람들에게 팔아요. 전 세계에서 인신매매를 당하는 사람 중 여성이 51퍼센트예요. 나머지 28퍼센트는 어린이고 21퍼센트는 남성이에요.

여성들이 가장 많이 팔려 가는 곳은 성매매를 하는 곳이고 그다음으로 많은 곳이 일반 가정집이에요. 거기서 가정부로 일하게 돼요. 그중에는 열 살에서 열다섯 살 사이 아이들도 있어요.

열다섯 살 시마는 인도 델리의 부잣집에서 가정부로 일했어요. 2년 동안이나 일했는데도 돈은 받지 못했지요. 끼니도 겨우 목숨을 부지할 정도만 먹을 수 있었어요. 고용주는 항상 시마에게 소리를 지르고 욕을 하며 때리기도 했어요. 시마는 어느 날 자신처럼 현대판 노예로 사는 사람들을 구출하는 단체의 전화번호를 받고 다음 날 바로 도망쳤어요. 아직도 돈을 받지 못했지만 시마는 그 집을 나왔다는 것만으로도 행복해요.

가정부로 팔려 가는 여성들은 가난한 나라 출신이고 주로 부자인 나라로 보내져요. 인도에도 같은 인도 사람 외에 주변의 가난한 나라에서 온 사람들이 많아요. 영국, 미국, 오스트레일리아, 싱가포르 같은 나라로 팔려 가는 경우도 많아요. 물론 그런 나라들에서 인신매매로 팔려 온 가정부를 고용하는 것은 불법이에요. 금지하고 처벌하는 법도 있어요. 그렇지만 여전히 사라지지 않고 있어요.

네팔 출신 카르모는 미국 버지니아주의 한 가정집에서 일하다 구출

됐어요. 카르모는 몇 년 동안 밤낮없이 일해야 했어요. 여권을 빼앗겨 도망칠 수도 없었고 외부와 차단되어 다른 사람과 대화할 수도 없었어요.

샨티는 열일곱 살 때 미국 외교관의 말에 속아서 뉴욕으로 왔어요. 외교관 집에서 3년 동안 하루에 열여섯 시간씩 일을 했어요. 그런데 3년 일한 대가로 겨우 120달러, 우리나라 돈으로 14만 원쯤 되는 돈을 받았어요.

인도네시아 출신 사리는 열아홉 살 때 사우디아라비아 리야드로 기기로 결심했어요. 사무실 청소부로 일하면 한 달에 400달러를 벌 수 있다는 인신매매범의 말을 믿고 남편과 두 살짜리 아들을 놓고 떠났어요. 그런데 사우디아라비아에 도착하자마자 사리는 400명의 여성이 갇혀 있는 공동 주택에 감금되었어요. 휴대 전화를 빼앗겨 외부와 연락할 수도 없었어요. 하루에 컵라면 하나를 겨우 받았고 작은 생수 한 병으로 열다섯 명이 나눠 마셔야 했어요. 다른 여성들과 함께 항의하다가 구타를 당하기도 했어요. 그곳에 갇힌 여성들은 가정부를 고르러 온 사람들 앞에 물건처럼 전시되곤 했어요. 사리는 너무나 수치스러웠어요. 그러다 두 달이 지나서야 남편과 연락할 수 있었고, 그 뒤로 시민 단체의 도움으로 탈출할 수 있었어요.

인도네시아 정부는 급기야 자국의 여성들이 중동에 있는 나라들로 가지 못하게 하는 법을 만들었어요. 그렇지만 불법적인 방법을 동원한 인신매매는 사라지지 않고 있어요.

이처럼 두바이, 베이루트, 암만, 아부다비, 카이로 같은 중동과 북아프리카의 대도시로 팔려 가는 필리핀, 인도네시아, 인도, 방글라데시, 스리랑카, 네팔, 에티오피아 출신의 가난한 여성들이 많답니다. 여성들은 부잣집에서 아이들을 돌보고 요리하고 청소하면서 노예처럼 살아요. 제대로 돈을 받지도 먹지도 못하면서 폭행, 폭언, 성폭력 같은 학대에 시달려요. 도망치면 다시 잡혀 와 혹독한 벌을 받는데 불법 고용한 사람들은 처벌을 받는 경우가 거의 없어요.

여성들이 팔려 가는 이유는 순전히 돈 때문이에요. 인신매매할 여성들을 찾기 위해 시골 동네를 찾아다니는 사람들은 여성들을 데려가는 대신 가족들에게 계약금이라며 돈을 줘요. 사리와 핫미아티의 가족들도 150달러, 그러니까 17만 원이 조금 넘는 돈을 받았어요. 가족들과 아이들을 먹여 살리기 위해 일자리를 찾는 여성들이 범죄에 이용되기도 해요. 거짓말에 속아서 돈은 벌지 못하고 매일 맞으면서 노예처럼 살게 되는 경우가 많답니다.

와인와인은 열여덟 살이 안 된 미성년자지만 2017년에 미얀마에서 싱가포르로 팔려 가 가정부가 됐어요. 법적으로 미성년자를 가정부로 고용할 수 없어요. 하지만 인신매매를 하는 사람은 와인와인의 나이를 속여 팔았어요. 와인와인은 싱가포르에 간 지 한 달도 지나지 않아서 높은 빌딩에서 떨어져 죽었지만 어떻게 왜 죽었는지 아는 사람이 없었어요. 힘들어서 그랬을 거라고 짐작만 할 뿐이에요. 소식을 들은 기자가 미얀마 시골에 있는 와인와인의 집을 찾아갔어요. 가족은 슬퍼했지만 놀랍게도 와인와인을 속여서 데려간 사람을 원망하지 않았어요. 두 딸을 싱가포르로 보낸 같은 마을의 부모도 마찬가지였어요. 자기 딸들을 데려간 사람이 오히려 자기들을 가난에서 벗어나게 해줬다고 감사하다고 생각하고 있었답니다.

힘이 없어서라고요?

우리가 잘 모르는 곳에서 폭력에 희생되는 여성들이 너무 많아요. 지금까지 얘기한 것은 수많은 폭력 중 극히 일부의 얘기일 뿐이에요. 물론 남성들도 폭력을 당하는 경우가 있어요. 그렇지만 앞에서 얘기한 것들은 거의 여성들에게 해당하는 폭력이에요. 어떤 사람들은 여성들이 힘이 없기 때문에 쉽게 폭력을 당한다고 말해요. 여성들이 운동을 하거나 호신술을 배워서 신체의 힘을 키우면 저항할 수도 있고, 잡혀간 후에는 스스로 탈출할 수도 있을 거라고 생각해요. 정말 그럴까요?

앞에서 얘기한 사례처럼 여성들이 폭력을 당하는 이유는 여러 가지가 있어요. 그중 하나는 여성에 대한 뿌리 깊은 편견과 차별이에요. 남성과 다른 여성의 특징을 그대로 존중하지 않고 알려고도 하지 않아요. 그냥 남성과 다르기 때문에 이상하거나 더럽다고 생각해서 차별해요. 예를 들어 생리는 모든 여성이 하는 자연스러운 것이고, 그래서 아이가 태어날 수 있는 것인데 그것을 더럽다고 생각해 집에서 내쫓은 것은 정말 잘못된 일이에요. 그런 과학적이지 않고 상식에서 벗어난 생각을 전통이라고 말하면서 고집하고 강요하는 사람들이 아직도 많아요.

또 다른 이유는 여성은 남성보다 부족하다는 잘못된 생각 때문이에요. 그래서 여성은 남성이 돌봐야 하고, 무조건 남성에게 복종하고 봉사해야 한다고 생각하는 사람들이 아직도 많아요. 강제로 결혼한 어린 신부들은 그런 생각의 피해자예요. 보코 하람이나 IS가 여성들을 납치한 이유 중 하나도 남성에게 봉사하는 것이 여성의 할 일이라는 생각 때문이었어요.

여성은 남성보다 중요하지 않으니 다른 사람들을 위해 희생하는 것이 당연하다고 생각하는 것도 문제예요. 그래서 가족의 명예와 생계를 위해서라며 부모가 딸을 죽이고 인신매매범에게 팔기도 하지요.

그러니까 여성들이 폭력을 당하는 이유는 신체적으로 힘이 없어서가 아니에요. 여성에 대한 아주 오래된 편견과 차별이 아직도 사라지지 않고 있기 때문이에요.

피해를 당하는 여성 스스로도 남성이 여성보다 우월하고 중요하기 때문에 맘대로 해도 된다고 생각하는 사람들이 있어요. 어쩔 수 없는 일이라고 포기하는 경우도 있고요. 그래서 폭력에 희생되는 여성들을 줄이기 위해서 가장 필요한 것이 교육이에요. 여성들이 자신을 소중하게 여기고 자신의 권리를 알아서 폭력을 당하지 않게 교육해야 해요. 그래야 다음에는 '싫어!'라고 말할 수 있게 될 테니까요. 세계의 많

은 국제기구와 시민 단체가 폭력을 당하는 여성들을 구출하고 동시에 교육하는 일을 하고 있어요.

물론 남성들도 잘못된 생각, 전통, 여성에 대한 편견과 차별에서 벗어나도록 교육을 받아야 해요. 그래야 폭력을 당하는 여성도 생기지 않고 폭력을 쓰는 남성도 생기지 않을 테니까요. 그래야 함께 평화롭게 살 수 있으니까요.

테러를 당한 열다섯 살 소녀

말랄라 유사프자이는 1997년에 파키스탄에서 태어났어요. 파키스탄에서 여자아이로 산다는 것은 쉽지 않아요. 차별을 받고 학교에 다닐 수도 없으니까요.

하지만 말랄라는 운이 좋았어요. 선생님인 아버지가 말랄라를 차별하지 않고 학교에 보냈거든요. 말랄라는 학교를 무척 좋아했어요.

어느 날 여성을 차별하고 학대하는 탈레반이라는 무장 집단이 말랄라가 사는 곳을 점령했어요. 탈레반은 여자아이들을 학교에 가지 못하게 했어요.

말랄라는 열두 살이었지만 탈레반에 맞서서 여자 어린이의 배울 권리를 외치는 사회 운동가가 됐어요. 대중 연설을 하고 인터넷에 글도 썼어요.

세계적인 언론사가 말랄라에 대한 다큐멘터리를 만들기도 했어요.

말랄라는 아주 유명해졌어요. 탈레반은 어린 사회 운동가를 몹시 싫어했어요.

열다섯 살이던 2012년 10월 말랄라는 학교에서 돌아오던 중에 큰 사고를 당했어요. 탈레반 테러범이 총으로 말랄라의 머리를 쐈기 때문이에요.

중상을 입은 말랄라는 응급 치료를 받은 후에 영국에 있는 병원으로 옮겨졌어요.
말랄라는 열흘 동안 깨어나지 못했어요. 전 세계가 말랄라를 위해 기도했어요.
여러 번 수술을 받고 재활 치료를 한 후 다행히 말랄라는 회복됐지만
언제 어디서 테러범이 공격할지 알 수 없어 불안했어요.
그렇지만 말랄라는 활동을 그만두지 않았어요. 영국으로 이사 가서
말랄라 재단을 만들고 모든 어린이에게 교육을 받을 기회와 미래를 선택할 자유를
주어야 한다고 외쳤어요. 2013년 7월 유엔 연설에서 말랄라는
"한 명의 아이, 한 명의 교사, 하나의 펜, 한 권의 책이 세상을 바꿀 수 있다."
라고 말했어요.
말랄라는 열일곱 살인 2014년에 노벨 평화상을
받아 최연소 수상자가 됐어요.
말랄라는 지금도 전 세계를 다니면서
가난, 전쟁, 강제 결혼, 차별 등과
싸우는 어린 소녀들을 만나고 있어요.
전 세계 모든 여자 어린이가
12년 동안 무상 교육을 받을 수 있게
해 달라고 호소하고 있어요.

한반도 평화와 세계 평화

우리가 사는 한반도에는 남한과 북한이 있어요.

남한과 북한은 전쟁을 했고

그후 계속 무기를 겨눈 채 살았어요.

그래서 한반도는 불안했어요.

남한과 북한이 싸우지 않아야 한반도가 평화로울 수 있어요.

한반도의 평화는 우리만을 위한 것이 아니에요.

세계를 위한 것이기도 해요.

우리가 평화로운 한반도를 위해 노력하는 것은

곧 세계 평화를 위해 노력하는 것이에요.

한반도에서 평화롭게 살기

우리는 대한민국에 살고 있고 동시에 한반도에도 살고 있어요. 한반도는 남한과 북한을 모두 합쳐 부르는 말이지요. 한반도는 조선 시대에는 하나의 나라였어요. 그런데 조선은 1910년, 일본의 식민지가 되고 1945년에 해방되었는데, 그때 하나의 나라가 두 나라로 나뉘어졌어요. 남쪽과 북쪽에서 정치를 이끌던 사람들의 생각이 달랐기 때문이지요. 거기다가 미국과 소련(지금의 러시아)이라는 세계에서 가장 큰 두 나라의 영향도 있었어요. 두 나라는 서로 자기편이 될 나라를 한반도에 만들고 싶어 했어요. 결국 북쪽에는 공산주의 나라가, 남쪽에는 자본주의 나라가 만들어졌어요.

두 개의 나라가 생긴 것은 비극의 시작에 불과했어요. 1950년 6월에 시작된 한국 전쟁은 3년이 지난 후인 1953년 7월 27일에 휴전 협정 서명을 하면서 끝이 났어요. 그동안 한반도 전체는 전쟁터가 됐어요. 상상하기 힘들 정도로 많은 군인과 민간인이 죽었어요. 살아남은 사람들은 집과 재산을 모두 버리고 피난을 가야 했어요. 전쟁 후에는 전 국토가 망가져 있었어요.

휴전은 전쟁을 '완전히 끝낸다'는 것이 아니라 '잠시 쉰다'는 거예요. 전쟁이 다시 시작될 수도 있다는 얘기인 거지요. 전쟁을 쉬는 상태에서는 어떤 일이 벌어질까요? 당연히 다시 있을 전쟁에 대비하는 일을 하겠지요. 그래서 그동안 남한도 북한도 군사력을 키우는 데 온힘을 쏟았어요. 서로를 적으로 생각하고 항상 의심하고 감시했어요.

한반도에서 평화롭게 산다는 것은 무엇을 말하는 것일까요? 제일 먼저 무엇이 생각나나요? 아마 전쟁이 사라진다는 말일 거예요. 한국 전쟁 이후에 한반도에서 다시 전쟁이 일어나지 않은 것은 아주 다행스러운 일이에요. 물론 휴전선 가까운 곳에서 군인들이 싸우는 일이 여러 번 있기는 했지만 전쟁으로 이어지지는 않았어요. 그럼 전쟁이 없었기 때문에 우리는 평화롭게 살았을까요?

한국 전쟁 이후에 우리는 휴전 상태에서 살았어요. 휴전선 가까운 곳에 사는 사람들은 항상 가슴을 졸이며 살았어요. 군인들도 마찬가지였어요. 휴전선 근처에서 근무하는 군인들은 매일 전쟁에 대비해야 했어요. 가족을 군대에 보낸 사람들은 항상 불안했어요. 가끔 북한군과 충돌하는 일이 생기면 대한민국 국민 모두가 긴장했어요. 그러니까 전쟁이 없다고 평화롭게 살 수 있던 것은 아니에요.

　한반도에서 우리가 평화롭게 살기 위해서는 제일 먼저 남한과 북한의 관계가 좋아야 해요. 서로 공격하지 않기로 약속해야 하고 그것을 계속 지켜야 해요. 그래야 서로 믿을 수 있으니까요. 물론 무기도 점점 줄여야 해요. 한반도에는 정말 많은 무기가 있어요. 서로 싸우지 않기로 한 약속을 지키려면 무서운 핵무기는 없어져야 하고 북한을 공격하기 위한 남한의 첨단 무기도 없어져야 해요. 남한과 북한의 군대도 많이 줄여야 해요.

　그런데 더 중요한 것이 있어요. 바로 한반도를 평화롭게 만들겠다는 생각이에요. 다시는 전쟁이 일어나지 않는, 함께 평화롭게 살 수 있는 곳으로 만들겠다고 모든 사람이 굳게 결심하고 행동해야 해요. 그래야 누구든 평화롭게 살 수 있는 한반도를 만들 수 있어요.

싸우면 행복할 수 없어요

 2018년은 아주 역사적인 해였어요. 한국 전쟁 이후 처음으로 남한과 북한이 서로 공격하지 않고 한 해를 보냈기 때문이지요. 게다가 군사 훈련을 중단하고 남한과 북한 사이 비무장 지대에 있는 군 감시 초소 스물두 곳을 없앴어요. '비무장 지대'는 군인과 무기가 없는 곳이란 뜻으로 휴전 협정 후에 만들어졌어요. 남한과 북한이 다시 싸우는 것을 막기 위해서였죠. 그런데 남한과 북한 모두 약속을 어기고 이곳에 군인과 무기를 들여놓았던 거예요. 감시 초소를 없앤 후 남한과 북한의 군인들이 비무장 지대에서 만나서 악수를 하고 무기를 제대로 없앴는지 서로 검사를 했어요.

또 휴전선 근처의 육지, 바다, 공중에서 서로 공격하지 않기로 하고 폭탄이 나가는 포문을 막았어요. 휴전선 부근에 사는 사람들도 아무 걱정 없이 농사를 짓고 고기를 잡을 수 있었어요. 어떻게 이런 일이 생겼을까요?

사실 2016년부터 한반도는 전쟁의 위험을 겪고 있었어요. 북한은 핵무기로 미국을 공격하겠다고 했고, 미국도 북한을 공격하겠다고 했어요. 남한과 북한의 사이도 매우 안 좋았어요. 북한은 계속 핵무기와 미사일 발사 실험을 했어요. 남한은 북한을 계속 비난했고 미사일을 막기 위해 새로운 첨단 무기를 들여왔어요. 휴전선 부근의 군인들은 언제 일어날지 모르는 전쟁에 대비하면서 지냈어요.

그런데 2018년 1월 1일부터 상황이 변하기 시작했어요. 북한의 지도자는 신년사에서 남한과 북한의 새로운 관계를 얘기했어요. 평창 동계 올림픽의 성공을 바란다면서 선수단을 파견할 수 있다고 했어요. 남한 정부와 만나 대화할 수도 있다고 했어요. 우리 정부가 그동안 언제든지 북한과 대화하고 한반도 평화를 얘기할 수 있다고 한 것에 대한 대답이었어요. 1월 3일에는 남한과 북한 사이의 판문점 연락 전화가 다시 열리더니 1월 9일에는 남한의 통일부 장관과 북한의 '조국평화통일위원회' 위원장이 판문점에서 만났어요. 양쪽 대표는 군사 연락 전화도 다시 열고 북한 선수단의 평창 올림픽 참가를 계속 상의

하기로 했어요. 그후에는 놀랄 만큼 많은 일이 일어났어요.

  2월에 열린 평창 동계 올림픽에는 북한 선수단이 참가했어요. 남한과 북한의 선수단은 한반도 깃발을 들고 같이 입장했어요. 북한 예술단은 남한에 와서 공연을 했어요. 답장으로 남한 공연단은 4월에 평양에서 공연을 했어요. 남한과 북한의 지도자는 세 번이나 만나 회담을 했어요. 남한 대통령이 평양에서 15만 명의 북한 사람들에게 연설을 하기도 했어요. 남한과 북한의 지도자는 한반도에서 절대 전쟁이 일어나서는 안 된다는 것과 앞으로 평화가 완전히 자리 잡을 때까지 함께 노력하기로 약속했어요. 12월에 남한과 북한은 휴전선을 넘어 양쪽을 연결하는 철도와 도로를 만드는 사업을 시작했어요. 철도와 도로가 연결되면 열차를 타고 유럽까지 가는 일이 생길지도 몰라요.

2018년은 아주 오랫동안 우리가 잊고 살았던 것을 깨닫게 해 주었어요. 남한과 북한이 함께 노력하면 전쟁의 위험을 없앨 수 있고 함께 안전하고 행복하게 살 수 있다는 것 말이에요. 그리고 우리가 정말 한반도에서 평화롭게 살기를 원한다는 것을 깨달았어요. 우리는 서로 싸웠던 예전으로 돌아가지 않기 위해 함께 계속 노력해야 해요.

함께 전쟁을 겪었어요

남한과 북한은 아주 오랜 시간 서로를 적으로 생각했지요. 그래서 지금도 북한을 싫어하는 사람들도 많아요. 그렇지만 남한과 북한은 같이 살아야 할 운명이에요. 함께 한반도에 있기 때문이지요. 중국이나 일본과 이웃 나라로 살아야 하는 운명인 것처럼 북한과도 좋은 관계를 유지해야 해요. 그래야 우리가 안전해지고 행복해질 수 있으니까요. 더군다나 남한과 북한은 예전에는 한 나라였어요. 그런데 한국 전쟁 이후에는 서로 갈 수 없는 나라가 됐어요. 전쟁 때 이산가족이 된 사람들은 가족들을 만날 수도 없었어요.

남한과 북한은 같은 역사를 가지고 있어요. 고조선 시대부터 조선 시대까지 말이에요. 그래서 남한의 먼 옛날 역사는 북한의 역사도 되고, 북한의 역사 유물은 남한의 역사 유물이기도 해요. 일본의 식민 지배와 한국 전쟁 같은 아픈 역사도 함께 겪었어요. 남한과 북한 사람들의 할아버지 할머니들이 일본의 무자비한 폭력과 억압을 견디며 함께 독립운동을 했어요. 한국 전쟁은 함께 겪은 가장 큰 비극이었어요.

한국 전쟁은 북한이 남한을 공격했기 때문에 시작됐어요. 그 점은 북한이 분명히 잘못했고 변명할 수 없는 사실이에요. 그런데 누가 전쟁을 시작했느냐만 생각하면 전쟁이 가져온 진짜 비극을 이해할 수 없어요. 한국 전쟁 동안 많은 사람이 죽고 한반도 전체가 사람이 살 수 없을 정도로 파괴됐어요. 남한에 살든 북한에 살든 상관없이 모든 사람이 큰 아픔을 겪었어요. 3년 이상이나 전쟁이 계속됐기 때문이지요.

사람의 생명과 관련된 피해는 계산하는 것이 불가능하지만 숫자로 그 피해를 짐작할 수 있을 뿐이에요. 국방부의 통계를 보면 남한의 민간인 사망자는 37만 3천 명 정도였어요. 그리고 부상자와 행방불명된 사람이 61만 7천 명 정도였어요. 피란민은 320만 명이나 됐어요. 10만 명 이상의 아이들이 부모를 잃고 고아가 됐어요. 남한 군인 중 사망자는 13만 7천 명 정도였어요. 부상자, 실종자, 포로는 48만 3천 명이 넘었어요. 유엔군 사망자는 4만 명이 넘었고 부상자, 실종자, 포로는 1만 명 정도였어요. 군인보다 민간인의 피해가 더 컸어요. 그리고 사망, 부상, 행방불명을 모두 합친 북한 군인은 177만 명이고 민간인은 150만 명 정도였어요. 한반도에 사는 사람 누구도 전쟁을 피할 수 없었다는 얘기지요.

남한과 북한에 살던 사람들이 이 끔찍한 전쟁을 함께 겪었어요. 전쟁을 겪지 않은 세대도 전쟁에 대한 얘기를 많이 듣고 자랐어요. 남한과 북한 모두 한국 전쟁에서 겪은 피해와 아픔을 꼭 기억해야 해요. 그리고 다시는 한반도에 전쟁이 일어나지 않게 해야 해요. 남한과 북한은 한반도에서 함께 살아야 하는 운명이니까요.

평화를 위협하는 것들

1945년 8월 6일과 9일 일본의 히로시마와 나가사키에 원자 폭탄이 떨어졌어요. 2차 세계 대전의 막바지에서 미국이 일본을 항복시키기 위해 한 일이었어요. 거대한 버섯 구름이 일어나면서 두 도시는 지옥이 됐어요. 폭탄이 떨어지자마자 많은 사람이 죽었고 상처를 입고 고통 속에서 살다가 몇 달 안에 죽은 사람도 많아요. 사망자는 20만 명이 넘었는데 대부분이 군인이 아닌 민간인이었어요. 그곳에 살던 조선인들도 많이 죽었어요. 방사능의 영향으로 평생 병에 시달리다 죽은 사람들도 많았어요. 지금까지 고통 속에 사는 사람들이 일본에도 한국에도 있어요. 원자 폭탄 공격은 인류 역사에서 가장 비극적인 일 중 하나예요.

당시 미국은 원자 폭탄이 어느 정도 피해를 가져올지 정확히 알지도 못한 채 사용을 했어요. 어떤 사람들은 일본이 전쟁 때 나쁜 일을 많이 저질렀고, 미국과 일본은 전쟁을 하고 있었기 때문에 미국이 잘못한 것이 아니라고 말하기도 해요. 또 어떤 사람들은 원자 폭탄 공격 때문에 일본이 항복을 했고 결국 우리도 해방됐으니 나쁘지 않은 일이었다고 말해요. 그러나 우리가 얻은 이익을 따지면서 인류 최악의 사건을, 그리고 수많은 사람의 생명을 빼앗은 일을 정당화하는 것은 옳지 않아요.

게다가 미국은 전쟁 중에도 지켜야 하는 일들을 어겼어요. 민간인에게 피해가 가지 않게 싸워야 한다는 것이에요. 그런데 미국은 민간인들의 피해가 클 것을 알면서도 원자 폭탄을 떨어뜨렸어요. 원자 폭탄 공격은 인류 역사에서 절대 있어서는 안 되는 일이었어요.

원자 폭탄은 바로 핵무기예요. 참혹한 일본의 상황을 본 후 세계는 핵무기를 아주 무서워하게 됐어요. 그런데도 전 세계에서 제일 힘이 셌던 나라들은 핵무기를 포기하지 않았어요. 그래서 미국, 러시아, 영국, 프랑스, 중국이 핵무기를 가지게 됐어요. 세계는 핵무기를 가지는 나라가 더 많아지는 것을 원하지 않았어요. 그래서 1970년에 더는 핵무기를 실험하거나 가지는 나라가 없도록 국제적인 약속을 만들었어요. 너무나 위험한 무기이기 때문이지요.

그런데도 핵무기를 실험하고 개발한 나라가 생겼어요. 인도와 파키스탄이에요. 전 세계는 이 소식에 놀라고 분노했어요. 국제적인 약속을 어겼기 때문이지요. 이스라엘도 있었어요. 이스라엘은 핵무기를 가지고 있다고 말하지 않지만 전 세계가 이스라엘에 핵무기가 있다는 것을 알고 있어요.

그리고 북한이 핵무기를 개발한 나라가 됐어요. 특히 북한이 미국을 위협하기 위해 핵무기를 개발했기 때문에 미국은 크게 화를 냈어요. 북한은 국제 사회의 따돌림에서 벗어나기 위해 미국과 협상을 해야 했어요. 미국을 협상 자리로 나오게 하려고 핵무기를 개발했다고 하지만 세계는 그 이유가 정당하다고 인정하지 않았어요.

전 세계가 북한의 핵무기 개발을 반대하고 비난한 이유

는 간단해요. 어떤 나라도 핵무기를 개발해서는 안 된다고 국제적으로 약속했기 때문이에요. 그런데 북한이 국제적 약속을 지키지 않아서 전 세계 핵무기 숫자가 늘어났으니까요. 세상에 핵무기가 많아지는 것은 위험한 일이에요. 사용하기 위해서가 아니라 다른 나라를 협박하기 위해 가지고 있어도 마찬가지예요. 죄 없는 수십만 명의 목숨을 한꺼번에 빼앗고 수만 명을 평생 고통 속에 살게 한 무서운 무기니까요.

북한이 핵무기를 개발한 것은 인정받을 수 없는 일이에요. 설사 어려움에 처한 북한이 미국의 관심을 끌고 협상을 하려고 만든 것이라 해도 말이에요. 특히 한반도의 평화를 위해서 핵무기는 없어져야 해요. 남한과 북한 지도자들이 정상 회담에서 한반도를 '핵무기와 핵 위협이 없는 곳'으로 만들기로 약속한 것도 같은 이유 때문이에요. 북한의 핵무기뿐만 아니라 세상에 있는 모든 핵무기가 없어져야 해요. 그래야 평화로운 세상에 더 가까워질 수 있으니까요.

세계 평화를 위해

한국 전쟁은 한반도에서 일어난 전쟁이었어요. 그렇지만 한반도에 사는 사람들에게만 영향을 미친 전쟁이 아니었어요. 한국 전쟁이 일어난 직후 유엔은 남한을 돕기 위해 군대를 보내기로 했어요. 그래서 미국을 포함해 스물한 개 나라가 남한에 군대를 보냈어요. 그중 90퍼센트가 미군이었어요. 연합군을 보낼 수 있게 허락해 달라고 유엔을 설득한 것은 미국이었어요. 미국에게 한반도가 아주 중요했기 때문이에요. 미국은 공산주의 국가인 북한이 중국과 소련의 도움을 받아 남한을 점령하게 놔둘 수 없었어요. 미국은 전쟁이 길어지더라도 한반도에서 공산주의자들을 아예 없애 버릴 때까지 싸우고 싶어 했어요. 그래서 전쟁이 더 길어지기도 했어요.

수많은 다른 나라 군인들이 한국 전쟁 중에 낯선 땅에서 목숨을 잃었어요. 유엔군으로 왔다가 죽은 외국 군인은 4만 명이 넘었어요. 부상을 입은 사람도 10만 명이 넘었어요. 비록 적군이지만 북한을 돕기 위해 왔던 중국 군인들도 많이 죽었어요. 한반도가 다른 나라 군인들에게도 죽음의 땅이 됐고 그 가족들에게 슬픔을 안겨 줬어요. 한국 전쟁이 남한과 북한뿐만 아니라 전 세계 많은 사람에게도 상처를 준 것이지요.

전 세계 사람들은 북한의 핵무기 개발 때문에 다시 한반도에 관심을 가지게 되었어요. 북한의 핵무기가 세계 평화를 위협하기 때문이에요.

북한이 핵무기 개발을 시작할 때부터 우리나라와 전 세계가 그 사실을 알고 있었어요. 북한의 핵무기 개발 중단을 위해 남한과 북한 그리고 미국, 중국, 러시아, 일본이 함께 몇 년 동안 만나서 회의를 했어요. 그렇지만 원하는 것이 서로 달라서 회의는 깨지고 말았어요. 그 뒤로도 우리나라와 미국, 그리고 국제 사회도 핵무기 개발을 막기 위해 충분히 노력하지 않았어요. 그러는 사이에 북한의 핵무기 기술은 더 발전했어요. 그러니 우리나라도 북한의 핵무기 개발을 막지 못하고 세계 평화를 위협하게 만든 책임이 있어요.

이제 한반도에서 남한과 북한이 서로 싸우지 않는 것이 남한과 북한의 문제만이 아니라는 걸 알겠지요? 전 세계의 평화에도 영향을 미치는 문제라는 것도요. 그러니까 우리는 한반도에 사는 우리뿐만 아니라 전 세계 사람들의 평화를 위해서도 평화로운 한반도를 만들기 위해 노력해야 한답니다.

북한에서 연 창업 연수회

2018년 11월 3일부터 일주일 동안

북한의 평안남도 평성시에서 창업 연수회가 열렸어요.

북한 사람들에게 사업을 시작하는 방법을 교육하기 위해서였어요.

특히 이번에는 인터넷을 통해 물건을 파는 전자 상거래에 대한 교육이 이루어졌어요.

이 연수회는 싱가포르의 한 시민 단체가 연 것이었어요.

단체는 연수회를 위해 열여섯 명의 해외 전문가들을 데려왔어요.

이 연수회에 70명 이상의 북한 사람들이 참석했어요.

이 시민 단체는 북한을 방문했다가 북한에 관심을 갖게 된 사람이 만들었어요.

그는 대학 때 북한을 방문했다가 한 여대생을 만났어요. 그 여대생은 여성도 남성과

똑같이 훌륭한 사업가가 될 수 있다는 것을 보여 주고 싶다고 말했어요.

그는 그 여대생과 같은 북한 사람들에게 도움을 주기 위해

2007년에 단체를 만들었어요.

그리고 북한 사람들에게 경제와 관련된 교육을 하는 프로그램을 시작했어요.

이 단체는 2007년부터 10년이 넘는 동안 수백 명의 전문가를 데리고 가서 북한 사람을 교육했어요.

캐나다 브리티시 콜롬비아에 있는 한 대학교는 매년 북한의 교수들을 초청해서 경제, 무역, 영어, 문화 등을 배울 수 있게 기회를 주고 있어요.

북한을 방문하고 도움이 될 일을 열심히 찾는 사람도 많아요.

그런 일을 하는 이유는 단순해요. 북한이 더 발전하고 북한 사람들이 행복하게 살기를 바라기 때문이에요.

그리고 한반도가 평화로운 곳이 되기를 바라기 때문이에요.

평화로운 세상 만들기

06

모든 사람은 평화롭게 살고 싶어 해요.
평화롭게 살려면 세상이 평화로워야 해요.
평화는 아무 노력 없이 이뤄지지 않아요.
모두가 세계 시민으로서
세계 곳곳의 폭력을 감시하고 평화에 관심을 가져야
함께 평화롭게 사는 세상을 만들 수 있어요.
세계 한 곳의 폭력과 평화는 다른 곳의 폭력, 그리고 평화와 연결돼 있고
우리의 삶과도 연결돼 있어요.

평화로운 세상은 가능할까요?

평화롭게 사는 것은 혼자의 힘으로 되지 않아요. 내가 평화롭게 살기 위해서는 내가 사는 곳이 평화로워야 하니까요. 밖에서는 전쟁이 벌어지고 있고 주변의 가족과 친구들이 억울하게 무시당하고 차별받는데 나는 별일 없다고 해서 평화로워지는 것이 아니에요. 전쟁이 있는 곳에서는 전쟁이 끝나야 하고, 다른 사람을 공격하고 차별하는 일이 있는 마을에서는 공격과 차별이 사라져야 평화롭게 살 수 있어요. 한반도에 있는 내가 평화롭게 살려면 남한과 북한의 사이가 좋아야 하고 함께 평화롭게 살기로 약속해야 해요. 그러니까 내가 평화롭게 살기 위해서는 평화로운 세상이 만들어져야 해요.

평화로운 세상을 만드는 것이 가능할까요? 어떻게 평화로운 세상을 만들 수 있을까요? 평화로운 세상은 어떤 사람도 폭력의 피해를 입지 않는 세상을 말해요. 누군가 자기가 원하는 것을 얻기 위해서 또는 기분이 좋아지기 위해서 다른 사람을 공격하고, 싫은 것을 강요하고 자기에게 복종하도록 하는 것이 폭력이에요.

하지만 그런 폭력이 아예 없는 나라가, 사회가, 학교가 있을까요? 사실 폭력이 아예 없는 곳은 찾기 힘들어요. 폭력이 없는 가족이나 작은 마을은 있을 수 있어요. 안타깝게도 폭력이 없는 사회나 나라는 없

어요. 다양한 사람들이 살기 때문이에요. 그럼 폭력이 있을 수밖에 없으니까 평화로운 세상을 만드는 것을 포기해야 할까요?

폭력을 모두 없애는 것은 불가능하지만 줄이는 것은 가능해요. 폭력이 적은 곳에서 사는 것과 많은 곳에서 사는 것은 아주 달라요. 폭력이 적다는 것은 폭력의 피해를 입는 사람이 적고 그래서 안전하고 행복하게 사는 사람이 많다는 뜻이니까요. 그러니 불가능하다고 포기하는 것이 아니라 폭력을 조금씩 줄여 나가는 것이 중요해요. 그래서 평화로운 세상을 만드는 것을 폭력을 줄이는 과정이라고 말하기도 해요.

또한 평화롭게 함께 사는 것에 관심이 있는 사람이 많아지면 폭력을 줄일 수 있어요. 반대로 폭력을 모두 없애는 것은 어차피 힘드니까 관심을 가질 필요가 없다고 생각하는 사람이 많아지면 폭력은 더 늘어나게 돼요. 그러면 평화로운 세상은 영원히 불가능하게 돼요.

폭력에 관심을 가진다는 것은, 폭력이 잘못이라고 얘기하고 폭력을 쓰는 사람이 있는지 항상 감시하는 것을 말해요. 간혹 어떤 사람들은 폭력을 감시하고 잘못을 지적하면 시끄러운 일이 생기니까 그것 또한 평화를 방해하는 것이라고 말해요.

하지만 평화는 그냥 조용하게 사는 것을 말하는 게 아니에요. 조용하게 살기 위해 폭력을 당한 사람에게 그냥 참으라고 말하는 게 아니에요. 그것은 결국 폭력을 쓴 사람의 편을 드는 거예요. 평화롭게 사는 것은 폭력의 피해를 입는 사람이 없이, 폭력을 쓴 사람도 잘못을 반성하고 함께 행복하게 사는 것을 말해요. 그러기 위해서는 시끄러워지더라도 누가 폭력을 쓰고 누가 피해를 입었는지 따져야 해요. 그러지 않고 피해 버리면 결국 평화를 포기하는 행동이 되는 거지요.

평화는 연결돼 있어요

평화에 관심을 가지는 사람들의 공통점이 있어요. 다른 사람에 대한 관심이 많다는 점이에요. 가족, 친구, 동료들은 물론이고 전혀 모르는 사람에게도 관심을 가져요. 심지어 가 본 적도 들어 본 적도 없는 세계 어딘가에 사는 사람들에게도 관심이 있어요.

왜 그럴까요? 사람은 모두 소중하다고 생각하기 때문이에요. 그리고 사람은 어디에서 살든 평화롭게 살 권리가 있다는 것을 알기 때문이지요. 전쟁이나 무기의 위협이 없이, 다른 사람으로부터 공격, 무시, 차별을 당하지 않고 살 권리 말이에요. 어떤 피부색인지, 어느 나라나 민족에 속해 있는지, 어떤 종교를 가지고 있는지는 상관이 없어요. 모두 똑같은 사람이라는 것이 가장 중요해요. 이것은 누구도 다른 사람을 공격하거나 위협하거나 무시할 수 없다는 뜻이기도 해요.

또 다른 이유는 평화가 서로 연결돼 있다는 것을 잘 알기 때문이에요. 세계의 한 곳이 평화로우면 주변과 먼 곳까지 그 영향이 미치게 돼요.

예를 들어 북유럽에 있는 핀란드, 노르웨이, 스웨덴 등은 평화로운 나라들로 알려져 있어요. 이 나라들은 세계 곳곳의 전쟁을 끝내는 데에 도움을 주려고 평화 회담 자리를 만들고 지원하는 일을 해 오고 있어요. 싸우는 사람들이 마주 앉아서 대화를 하고 전쟁을 끝낼 해결책을 찾을 수 있게 도와주는 거예요. 참 멋진 일이지요? 한 곳의 평화가 다른 곳의 평화와 연결돼 있다는 것을 잘 보여 줘요.

반대의 경우도 있어요. 한 곳에서 평화가 깨지면 다른 곳도 영향을 받아요. 특히 전쟁이나 사람을 죽이는 범죄가 많은 곳은 금세 주변에 영향을 미쳐요. 많은 사람이 전쟁이나 무서운 환경을 피해 이웃 나라로 피하기 때문이지요. 주변 나라들은 갑자기 몰려든 사람들을 맞이하는 일로 큰 어려움을 겪기도 해요. 때로는 상상도 할 수 없는 곳까

지 영향이 미치기도 해요.

　우리나라도 그런 일을 겪은 적이 있어요. 전쟁을 피해서 온 예멘 사람들이 한국에 와서 난민 신청을 했어요. 그런데 많은 사람이 난민으로 받아 주면 안 된다고 했어요. 그래서 반대하는 사람들과 찬성하는 사람들로 나뉘어 서로 싸우면서 사회가 혼란스러워졌어요. 어려움을 피해서 온 사람들은 위험이 없어질 때까지 안전하게 살 수 있게 도와줘야 해요. 누구나 평화롭게 살 권리가 있고, 그것이 세계 시민이 해야 할 일이니까요.

한 가지 알아야 할 것은 이 전쟁은 우리와 무관하지 않다는 거예요. 우리나라에서 수입한 수류탄, 미사일, 전차 같은 무기가 예멘의 전쟁에서 사용됐기 때문이지요. 우리나라가 전쟁이 자주 일어나는 중동 지역에 무기를 팔았고 그 무기가 예멘 사람들을 피난길에 오르게 만드는 데 한몫을 했어요. 그 피난민 중 일부 사람들이 우리나라까지 오게 된 것이고요.

아무리 멀리 떨어져 있고 우리와 아무 상관이 없어 보이는 곳의 평화에도 항상 관심을 가져야 하는 이유예요. 그러지 않으면 우리가 다른 사람들의 평화로운 삶을 해치는 나쁜 일을 할 수도 있어요. 결국 그 영향을 우리도 받게 돼요. 세상은 연결돼 있고 평화도 연결돼 있으니까요.

함께 사는 것을 말해요

평화로운 세상을 위해서는 함께 살아야 해요. '함께 산다'는 것은 자기와 생각과 모습이 비슷하고 자기가 좋아하는 사람들과 사는 것을 말하지 않아요. 생각과 모습이 다르고, 좋아하지 않는 사람과도 함께 사는 것을 말해요. 그저 같은 학교, 마을, 나라에 있다고 함께 사는 것이 아니에요. 평화롭게 같이 살아야 '함께 사는 것'이에요.

그러려면 자기와 다르다고 이상하게 생각하거나 무시하지 않아야 해요. 자기보다 힘이 없어 보인다고 함부로 대하거나 공격하지도 않아야 해요. 사람들이 서로 다른 것은 아주 자연스러운 일이에요. 나와는 다르다고 공격하는 일은 다른 사람에게 폭력이 되고 결국 내가 사는 곳을 평화롭지 않게 만들어요.

2018년 11월에 온 나라를 충격에 빠뜨린 사건을 예로 들어 볼게요. 중학생들이 친구를 때려서 결국 죽게 한 사건이에요. 엄마가 러시아 출신인 혼혈 아이는 오랫동안 아이들에게 맞고 괴롭힘을 당했어요. 죽기 전에 몇 시간이나 맞은 아이는 결국 아파트 옥상에서 추락해서 죽었어요. 그 아이는 초등학교 때부터 친구들에게 괴롭힘을 당하고 맞았다고 해요. 이유는 한 가지였어요. 모습이 다르다는 것이었어요. 엄마나 아빠 중 한 명이 다른 나라 사람이어서 피부색과 모습이 다르다고 따돌리고 무시하는 사람들이 우리나라 곳곳에 있어요. 잘못한 것도 없는데 욕을 하기도 해요. 같이 있지만 함께 살지는 않겠다고 하는 행동이지요. 그런 사람들은 평화를 해치는 사람들이에요.

함께 사는 것은 세계 평화를 위해서도 아주 중요해요. 세상에서 일어나고 있는 많은 싸움과 전쟁은 더불어 살기를 거부하는 사람들 때문에 생겨요. 자기 민족이나 같은 종교를 가진 사람들의 숫자가 많기 때문에, 그리고 정치적으로 힘이 있기 때문에 소수의 약한 사람들을 공격하는 거지요. 그런데 힘이 없는 사람들이 계속 당하기만 하는 것은 아니에요. 더 이상 참을 수 없는 상황이 되면 공격을 하게 돼요. 그러면 싸움이 생기고 전쟁까지 일어날 수 있어요.

다른 사람들이 함께 어우러져 사는 것은 불편하거나 나쁜 것이 아니에요. 오히려 재미있고 좋은 것이에요. 세계에서 가장 발달한 많은 나라에는 인종, 민족, 종교가 다른 사람들이 함께 살고 있어요. 그 사람들은 서로 다른 생각, 말, 풍습, 음식 등을 가지고 있고 그래서 서로 많은 것을 배우면서 살아요. 다양한 사람들이 있으니 훨씬 재미있고 창의적인 사회가 되지요. 그렇게 함께 사는 것을 즐기면서 평화롭게 사는 곳도 많지요.

한 가지 문제가 더 남았어요. 폭력을 쓰는 사람과도 함께 살아야 할까요? 주변에 폭력적인 사람이 있으면 어떻게 해야 할까요? 폭력을 쓰는 것을 모른 체할 수는 없어요. 폭력을 쓰는 사람도 새로운 사람이 될 가능성을 가지고 있어요. 무조건 내쫓는 일부터 하면 안 돼요. 먼저 폭력을 쓰고 다른 사람에게 피해를 준 것을 스스로 알게 한 후 처벌하고 반성하게 해야 해요. 그리고 대가를 치른 후에는 다시 다른 사람들과 함께 살 기회를 줘야 해요. 그 사람도 평화롭게 살 권리가 있으니까요. 평화로운 곳은 과거에 잘못한 것을 반성하고 다시는 폭력을 쓰지 않겠다고 약속한 사람도 함께 살 수 있는 곳이에요.

세계 시민이 되기 위해서는

한 국제 연구소가 해마다 발표하는 '세계 평화 지수'라는 것이 있어요. 전 세계 163개 나라의 평화 순위를 매기는 거예요. 얼마나 안전한지, 나라 안에서 그리고 다른 나라와 싸움은 없는지, 군대와 무기 같은 것에 얼마나 돈을 쓰는지 등을 조사해서 점수를 매겨요.

2019년에도 이 지수가 발표됐어요. 안타깝게도 76개 나라의 평화 지수가 떨어졌어요. 다행히 86개 나라는 조금 올랐어요. 1위를 차지한 나라는 아이슬란드였어요. 2008년부터 계속 1위를 차지했어요. 다음 순위는 뉴질랜드, 오스트리아, 덴마크가 차지했어요. 가장 평화롭지 않아서 꼴등을 한 나라는 아프가니스탄이에요. 다음은 시리아, 남수단, 예멘, 이라크 등이에요. 모두 나라 안에서 전쟁이 계속되고 있는 곳이에요. 당연히 평화롭지 않은 곳이지요.

우리나라는 어떨까요? 우리나라는 55등을 했어요. 1년 전에는 49등이었는데 6등이나 떨어졌어요. 남한과 북한의 사이가 좋아지지 않고 군사적 대결이 사라지지 않았기 때문이에요. 또 우리나라는 군대

 와 무기에 엄청난 돈을 쓰기도 해요. 우리나라의 국방 예산, 그러니까 군사력을 유지하고 새로운 무기를 수입하는 일에 쓰는 돈은 세계 10위예요.

 중요한 것은 전 세계 평화 지수가 높아지지 않는다는 거예요. 2008년부터 2019년까지 따져 보면 3.78퍼센트나 떨어졌어요. 숫자로는 잘 이해하기가 힘들지요. 그런데 조금만 생각해 보면 왜 그런지 쉽게 알 수 있어요. 지난 10년 동안 세계 곳곳에서 전쟁이 계속됐어요. 새로운 전쟁도 생겼어요. 전쟁이 있으면 당연히 평화롭지 않지요. 테러가 많아졌기 때문이기도 해요. 100개의 나라에서 이전보다 테러가 많아졌어요. 전쟁은 없어도 테러 때문에 불안한 곳이 늘어났어요. 테러 공격으로 죽거나 다치는 사람도 많아졌지요.

평화 지수는 평화와 경제와의 관계를 알려 주기도 해요. 평화로운 나라일수록 경제가 발전하고 큰 문제가 없어요. 당연히 살기가 좋겠지요. 그런데 평화롭지 않은 나라들은 경제도 좋지 않아요. 서로 싸우고 군대를 유지하고 무기를 사는 데에 돈을 많이 쓰기 때문이에요. 또 싸우느라 경제에 신경을 쓰지 못하고 다른 나라 사람들은 투자를 하지 않지요. 그러니까 평화롭게 사는 것은 잘 먹고 잘 사는 것과 아주 깊은 관계가 있어요.

평화 지수를 따지는 이유는 우리 모두 같은 세계에 살고 있고 다른 곳의 평화가 우리에게도 영향을 미치기 때문이에요. 세계에 테러가 많아지면서 안전하게 여행하는 것이 힘들어졌어요. 한 곳에서 전쟁이 일어나면 많은 난민이 생겨서 다른 나라들도 영향을 받아요. 또 무기를 사려는 사람들이 많아지니까 더 많은 무기가 만들어져요. 늘어난 무기들은 전쟁이 끝나도 그대로 남아서 사람들을 위협해요.

세계 평화 지수를 알고 세계가 점점 더 평화롭지 않게 됐다는 것을 아는 게 무슨 소용이 있을까요? 세계 평화를 위해 할 수 있는 일은 무엇일까요? 아마 많은 사람이 궁금해할 거예요.

세계 곳곳에서 일어나고 있는 전쟁과 테러, 차별과 혐오, 그리고 피해자들에게 관심을 가지는 일이 첫 번째예요. 열심히 뉴스를 찾아서 보기만 해도 세계 평화에 도움이 돼요. 뉴스를 보는 사람이 많아지면 더 많은 뉴스가 나오고, 그러면 더 많은 사람이 관심을 가지게 되니까요.

결국 전쟁과 테러를 저지르고 차별과 혐오를 하는 사람들도 세계 시민들의 관심을 두려워하게 돼요. 시리아에서 아이들까지 죽인 독재자도, 프랑스에서 테러를 저지른 사람들도, 그리고 미얀마에서 로힝야족을 내쫓은 군인과 정치인들도 모두 세계 시민들이 관심을 가지는 것에 신경을 써요. 또 세계 곳곳에서 평화를 위해 그리고 피해를 입은 사람들을 돕기 위해 열심히 일하는 사람들과 단체들을 지지해 주는 것도 중요해요. 그래야 그 사람들이 힘을 내서 일할 수 있으니까요. 모든 일은 관심에서부터 시작돼요.

평화를 만드는 사람들이 필요해요

유럽 평의회는 유럽에 있는 47개의 나라가 회원인 국제기구인데, 유럽에 있는 나라들이 함께 평화롭게 살 수 있도록 인권과 평화 문제 등을 다루고 있어요.

2016년부터 유럽 평의회는 해마다 '청년 평화 캠프'를 열고 있어요. 청년 평화 캠프는 전쟁을 겪었거나 민족이나 종교가 다른 사람들이 서로 싸우는 곳에 사는 젊은이들이 참가하는 캠프예요.

 50명이 넘는 참가자들은 캠프에서 일주일 동안 왜 전쟁이 일어났고, 왜 서로 싸우고 미워하게 됐는지, 그런 미움과 싸움을 어떻게 끝낼 수 있는지 같은 고민을 나눠요. 전쟁과 싸움이 있는 곳에서 직접 겪었던 일을 얘기하기도 해요. 민족, 종교, 문화가 다른 젊은이들이 편안하게 속마음을 얘기하고 함께 평화롭게 살 방법을 고민하고 공부하는 거지요.

 유럽 평의회가 청년 평화 캠프를 하는 이유는 두 가지예요. 하나는 서로 미워하는 사람들이 직접 만나서 서로를 이해할 수 있게 돕기 위해서예요. 직접 얘기를 하면 상대에 대한 오해와 미움이 줄어들 수 있으니까요. 다른 하나는 캠프에서 다른 민족이나 종교를 가진 사람들에 대해 알고 새로운 것을 배운 젊은이들이 각자 사는 곳으로 돌아가 다른 사람들과 같이 평화를 위해 일하기를 바라기 때문이에요. 함께 사는 평화로운 사회를 만드는 일을 하는 사람들이 한 사람이라도 늘어야 다시 전쟁과 싸움을 하지 않고 평화롭게 살 수 있으니까요.

 전쟁이 있거나 무장 충돌이 자주 일어나는 곳에서는 시민들을 보호하는 일을 하는 사람들이 있어요. 바로 '시민 평화 유지자'예요. 이 사람들은 총에 맞을 수도 있는 위험한 곳에서 아무런 무기도 들지 않고, 심지어 총알을 막는 방탄조끼도 입지 않아요.

주로 하는 일은 무기가 없는 일반인들이 공격을 당하지 않게 보호하는 거예요. 아이들은 안전하게 학교에 가고, 농부들은 공격을 받지 않고 농사를 지을 수 있게, 그리고 엄마들은 안전하게 시장을 볼 수 있게 같이 가 주는 일을 해요.

시민 평화 유지자는 다른 나라에서 온 사람이고 자신이 누구라는 것을 알리는 조끼나 셔츠를 입어요. 무장한 사람들은 다른 나라에서 온 시민 평화 유지자를 공격할 수 없어요. 공격하면 국제적으로 비난을 받기 때문이지요. 그래서 시민 평화 유지자들이 동행하면 거기 사는 사람들이 안전해지는 거예요. 시민 평화 유지자들은 전쟁의 위협이 있는 곳에서 서로 싸우지 않게 감시하고 돕는 일도 해요. 팔레스타인, 남수단, 이라크, 미얀마, 필리핀 같은 곳에 이런 시민 평화 유지자들이 있어요.

시민 평화 유지자들은 대가를 받지 않고 자원봉사를 하는 사람들이에요. 훈련을 받은 후에 전쟁이 있거나 무장 충돌이 자주 일어나는 곳으로 가지요. 무장한 사람들이 다른 나라에서 온 시민 평화 유지자를 조심하지만 그렇다고 아예 안전한 것은 아니에요.

시민 평화 유지자는 왜 그렇게 위험한 일을 할까요? 세계 평화에 관심이 있고 평화가 없는 곳에서 힘들게 사는 사람들에게 관심이 있기 때문이에요. 한 사람이라도 안전하게 지낼 수 있도록, 되도록 폭력의 피해를 입지 않도록, 조금이나마 폭력을 줄이기 위해서 직접 나서는 거예요. 누구나 평화롭게 살 권리가 있으니까요. 이렇게 평화를 위해 나서는 사람들이 있어서 조금이라도 더 평화롭게 살 수 있게 되는 거지요.

평화의 친구 되기

아프리카 케냐에는 사이가 좋지 않아서 자주 싸움을 하는 부족들이 있어요. 그곳의 한 단체는 아이들을 평화를 만드는 사람으로 키우면 어른들을 변화시킬 수 있다고 생각했어요. 그래서 프로그램을 만들었어요.

먼저 아이들을 평화 캠프로 초대해요. 아이들은 5일 동안 함께 지내면서 서로 다름을 존중하고 평화로운 대화하기를 배워요.

캠프가 끝날 때는 모든 아이가 다른 부족의 아이와 '평화의 친구'가 돼요. '평화의 친구'는 각자 집으로 돌아간 후에 편지를 쓰거나 전화 통화를 하면서 우정을 쌓아 가요. 방학 때는 친구를 방문해서 친구의 부모와 형제자매를 만나요. 자연스럽게 서로 다른 점을 배우게 되고 우정은 더 깊어지죠.

다음은 부모님들 차례예요. 부모님들은 아이 친구의 집에서 주말을 지내면서 자연스럽게 대화를 하고 서로를 이해하게 되지요. 부모님들도 친구가 되고 서로 미워하고 이상하게 여겼던 마음은 서서히 없어져요.

'평화의 친구' 프로그램이 계속되는 2년 동안 아이들뿐만 아니라

나중엔 부모님들도 친구가 되지요.

친구가 되는 어른들이 많아지면 싸우던 두 부족 사이도 조금씩 좋아져요.

2년 동안 프로그램을 잘 마치면 두 가족은 어린 암소 한 마리를 상으로 받아요.

암소는 두 가족이 계속 친구로 지내게 해 줘요.

암소가 잘 자라고 새끼를 낳을 때까지 함께 잘 돌봐야 하니까요.

두 가족은 경제적 이익을 얻기 위해 함께 일하게 되는 거예요.

같이 가게를 운영하는 것과 비슷한 거지요.

평화의 친구가 된 아이들은 더 이상 어른들 싸움의 피해자가 되지 않고

오히려 평화를 만드는 사람이 돼요.

수업을 마치며

작은 관심에서 시작하는 평화

평화를 얘기하는 일은 쉽지 않아요. 불편한 마음이 들기도 해요. 평화를 얘기하려면 폭력을 얘기해야 하니까요. 사람들은 평화롭게 살 때는 평화에 별로 관심이 없어요. 사람들이 가장 많이 평화를 생각하는 때는 전쟁이나 싸움이 있을 때예요. 주변에 있는 사람들이 억울한 일을 당하고 힘들게 사는 것을 봐도 평화를 생각하게 돼요. 그런 일은 모두 폭력과 관계가 있어요. 대부분 힘이 있는 사람이, 집단이, 나라가 자기 이익을 위해 자기보다 약한 사람, 집단, 나라를 괴롭히고 폭력을 쓰기 때문에 그런 일이 생기니까요. 그래서 평화를 얘기할 때 반드시 없어져야 할 폭력에 대해서도 얘기하게 돼요. 불편하지만 반드시 해야 하는 일이지요.

폭력을 얘기해야 하는 또 다른 이유는 그래야 나도 내 가족도 친구들도 평화로운 세상에서 살 수 있기 때문이에요. 폭력이 있는 마을, 나라, 세계에서는 나도 내 가족도 친구들도 평화롭게 살 수 없고 비슷한 폭력의 피해를 입을 수도 있으니까요. 그러니 폭력을 얘기하는 것

 은 꼭 다른 사람을 위해서만이 아니에요. 나와 내가 사랑하는 사람들이 평화롭게 살기 위해서도 폭력을 얘기하고 폭력의 피해를 입은 사람들의 이야기에 관심을 기울여야 해요.

 이때 이런 질문을 할 수도 있어요. 세상에 평화를 깨고 방해하는 폭력이 너무 많은데 평화는 언제 이뤄질까? 한 가지 폭력이 없어지면 다른 폭력이 생기는데 평화로운 세상을 만드는 것이 가능할까? 왜 많은 사람이 노력해도 폭력이 없어지지 않을까? 이 책을 읽으면서 그런 생각을 했다면 아주 자연스러운 거예요.

 세상에 폭력이 많은 것은 사실이에요. 그래서 여전히 평화롭지 않게 사는 사람들이 너무 많아요. 사람들이 평화로운 세상이 필요하다고 생각해도 하루아침에 세상이 변하지는 않기 때문이지요. 또 평화를 위해 일하는 사람들이 조금 늘어난다고 세상의 폭력이 금방 없어지지도 않아요. 그렇지만 아예 변화가 없는 것은 아니에요. 시간이 걸려도 반드시 변화는 생기고 조금씩 나아지게 돼요.

　이 책의 처음에서는 전쟁과 무기에 대해 얘기했어요. 아직도 세상에 전쟁이 있지만 전쟁에 대한 사람들의 생각은 많이 변했어요. 이제는 전 세계 사람들 모두가 전쟁이 없어야 한다고 생각해요. 전쟁에 반대하고 죄 없는 사람들을 죽이는 공격에 항의를 해요. 그래서 전쟁을 하는 사람들도 눈치를 봐요. 세상에 엄청나게 많은 무기가 있지만 무기를 쓰는 것에는 모두가 반대해요.

　그리고 차별과 혐오를 당하는 사람들, 억울하게 피해를 입고 내쫓기는 사람들, 여성이라 폭력을 당하는 사람들에 대한 얘기를 더 자주 들을 수 있게 됐어요. 폭력 때문에 힘들게 사는 사람들에게 관심을 가지는 사람들이 많아졌기 때문이에요. 또 폭력을 감시하고 알리는 사람들이 많아졌기 때문이에요. 예전에는 가게에서, 버스 안에서 또는 백화점에서 누가 피해를 당해도 사람들이 모른 체했지만 이제는 그렇지 않아요.

　우리나라에도 다른 나라에도 먼 곳에서 일어나는 일을 감시하는 사

람들이 있어요. 그래서 쫓겨난 로힝야족 난민들의 생활에 대해서, 자신을 죽이려는 가족에게서 도망친 여성에 대해서, 댐이 무너져 모든 것을 잃은 사람들에 대해서 우리가 알 수 있게 됐어요. 한 명이라도 더 살리고 다시는 그런 일이 일어나지 않게 노력할 수 있게 된 거지요.

완전히 평화로운 세상이 되려면 아직 멀었지만 그래도 세상은 조금씩 나아지고 있어요. 항상 평화를 생각하고, 폭력의 피해자들에게 관심을 가지고, 평화를 위해 일하는 사람들이 많아지면 조금 더 빨리 변할 수 있을 거예요. 포기하지 않고 평화롭게 함께 사는 세상을 향해 계속 나아가야 해요.

세계 시민 수업 ❽ 평화
평화를 빼앗긴 사람들

초판 1쇄 발행 2019년 10월 22일 | **초판 4쇄 발행** 2022년 5월 13일
글쓴이 정주진 | **그린이** 이종미
펴낸이 홍석 | **이사** 홍성우
편집부장 이정은 | **편집** 조융연·박고은·이은경 | **편집진행** 고양이 | **디자인** 권승희
마케팅 이송희·한유리·이민재 | **관리** 최우리·김정선·정원경·홍보람·조영행·김지혜
펴낸곳 도서출판 풀빛 | **등록** 1979년 3월 6일 제 2021-000055호
주소 서울특별시 강서구 양천로 583 우림블루나인 A동 21층 2110호
전화 02-363-5995(영업) 02-362-8900(편집) | **팩스** 070-4275-0445
전자우편 kids@pulbit.co.kr | **홈페이지** www.pulbit.co.kr
블로그 blog.naver.com/pulbitbooks | **인스타그램** instagram.com/pulbitkids

ⓒ 정주진, 이종미 2019
ISBN 979-11-6172-156-9 74300
ISBN 978-89-7474-114-3 (세트)

사진 저작권 32쪽 ⓒ Sk Hasan Ali / Shutterstock.com ⓒ Everett Historical / Shutterstock.com
53쪽 ⓒ clicksabhi / Shutterstock.com 75쪽 ⓒ thomas koch / Shutterstock.com 94쪽 ⓒ Leonard Zhukovsky / Shutterstock.com

이 도서의 국립중앙도서관 출판시도서목록(CIP)은 서지정보유통지원시스템 홈페이지(http://seoji.nl.go.kr)와
국가자료공동목록시스템(http://www.nl.go.kr/kolisnet)에서 이용하실 수 있습니다.
(CIP제어번호: 2019031906)

＊파본이나 잘못된 책은 구입하신 곳에서 바꿔 드립니다.
＊책값은 뒤표지에 표시되어 있습니다.

KC	**품명** 아동 도서	**제조년월** 2022년 5월 13일
	사용연령 10세 이상	**제조자명** 도서출판 풀빛
	제조국 대한민국	**연락처** 02-363-5995
	주소 서울특별시 강서구 양천로 583 우림블루나인 A동 21층 2110호	
	주의사항 종이에 베이거나 긁히지 않도록 조심하세요. 책 모서리가 날카로우니 던지거나 떨어뜨리지 마세요.	
	KC마크는 이 제품이 공통안전기준에 적합하였음을 의미합니다.